Mélina Boetti & Candice Prévost
Violette Gentilleau

LITTLE *Miss* SOCCER

LE TOUR DU MONDE DES FEMMES QUI FONT LE FOOT

EDITIONS MARIE B

Mélina Boetti & Candice Prévost
Violette Gentilleau

LITTLE *Miss* SOCCER

LE TOUR DU MONDE DES FEMMES QUI FONT LE FOOT

EDITIONS MARIE B

Direction éditoriale : Cyrill Vachon
Éditions Marie B
7, Place des Martyrs de l'occupation allemande
92110 Clichy
https://www.editions-marieb.com

ISBN 979-1-09357-667-1

Introduction

Dire que le ballon rond concentre un grand pan de notre existence peut paraître réducteur, excepté quand celui-ci balade en son cœur le monde.
Si le football est universel, le ballon porte les stigmates de différentes époques, de diverses cultures, et polarise les multiples luttes que jeunes filles et femmes mènent pour s'affranchir d'une société patriarcale dominante.
À l'attaque des stéréotypes, avec une occupation constante du terrain, et une défense de nos droits, le football est aujourd'hui notre sport à part entière.

Nostalgique de nos souvenirs de jeunesse, ce ballon guide positivement nos vies. Nous y jouons, le commentons et il n'a jamais cessé de nous faire voyager. Cette fois, un peu plus loin et plus longtemps… La perspective de la Coupe du Monde en France nous a incitées à aller à la rencontre de nos homologues footballeuses du bout du monde, si proches de nous dans cette quête d'épanouissement.

Le ballon est ainsi devenu notre seul véritable visa. Il a facilité le contact, animé nos échanges, et nous a plongées dans une inspirante aventure humaine, par-delà les frontières.
Vecteur de partage, nous avons joué avec de nombreuses citoyennes du monde. Objet de performance, nous avons vibré dans des ambiances folles, en admiration devant les meilleures joueuses du globe.
Réceptacle des coups de pieds et de gueules de femmes en quête de liberté, nous avons milité avec engagement auprès de chacune pour légitimer leur combat, le nôtre, celui de toutes.

Ce livre balise de mots une route bondissante. Au centre, non pas le ballon mais celles qui le font courir avec générosité et engagement.

À nos parents,
Queta et Bob
Linda et Maurice

Mexique
Tijuana
États-Unis
PACHUCA
Penjámo
MEXICO
Belize
Guatemala
Honduras
Nicaragua
Costa Rica
200 km
état d'Hidalgo
état de Guanajato
état de basse Californie
voiture
new balance

MORELIA

La ville
aux pierres roses

Pénjamo

Irapuato, Gto., Sábado 09 de Septiembre de 2017

El Sol de

AL GANAR EL HOMELESS WORLD CUP 2017

Penjamense se corona campeon del mundo en Oslo, Noruega

La joven arquera penjamense y seleccionada nacional, María Remedios Hernández, es todo un orgullo en su tierra natal, luego de distinguirse como una de las integrantes más destacadas del Tricolor Femenil, que tras superar en la final a Chile por 4 goles a 3, se proclamaron campeonas al llevarse el título y el pentacampeonato de la Homeless World Cup 2017 celebrado en Oslo, Noruega.

La Homeless World Cup, el Mundial que lucha contra la pobreza, la violencia y la marginación social, se ha rendido a los pies de México, país que ostenta cinco títulos en la rama femenil y dos más en la varonil.

María Remedios He...
y el Tricolor ...
no muy...

...só a su país y a su tierra natal
...oruega.

MARÍA REMEDIOS Hernández, es un ejemplo
por los jóvenes penjamenses.

La joven arquera María Remedios Hernández y la Selección Mexicana, superaron en la final a Chile para conseguir el título y el pentacam...

La Homeless World Cup, ou la Coupe du Monde des sans-abri, vécue de l'intérieur avec la sélection mexicaine, déjà quadruple championne de la compétition avant l'édition Oslo 2017.

En Norvège, les footballeuses mexicaines de la rue viennent conquérir les terrains pour réaliser leur rêve mondial. Et après… Quel élan cet évènement international génère-t-il pour ces joueuses de l'ombre une fois de retour dans leur pays ?

DISTRITO FEDERAL
ADF053 06 SEP 17 E
MÉXICO

Luchar por siempre

Ce chapitre mexicain démarre en Norvège, le premier pays de l'aventure Little Miss Soccer, à l'été 2017. La ville d'Oslo accueille une Coupe du Monde particulière, un tournoi international annuel consacré aux personnes en situation vulnérable, en proie à la marginalisation sociale.

À notre arrivée dans la capitale nordique, nous y trouvons le monde et le peuple… Nous sommes là le jour de la cérémonie d'ouverture, une grande parade est organisée dans les rues. Parmi la foule, cinq cents joueuses et joueurs sont présents. Plus de cinquante nations sont représentées. Le ciel est coloré du reflet des drapeaux de chaque pays, laissant l'impression d'un débarquement.

Les chants subliment les disparités de langues et de dialectes. Les sourires affichent tous de la joie et de l'excitation. Un concentré de cultures et de traditions décore les rues de leurs différences. Japonais et Sud-Africains se lancent dans une bataille polyphonique sans fin, pendant que les Russes se chargent de franches accolades, démonstration de leur esprit d'équipe et de leur réussite ; être là, ensemble, est déjà un premier symbole dans la lutte contre l'isolement. Au sein de ce groupe s'étalant sur plusieurs kilomètres, l'appartenance sociale n'a pas d'emprise : les tenues pratiques – maillot, short, chaussettes – aux couleurs des nations, sont l'empreinte d'une famille unique, celle du football.

À mi-cortège, nous rejoignons enfin les équipes nationales mexicaines, une sélection masculine et une sélection féminine sont là pour défendre le maillot « verde ». Des bandes de peinture, vertes et rouges, se déforment sur leurs joues, au gré des mélodies entonnées. Les paroles sont engagées, l'identité de tout un peuple s'implante tranquillement sur l'esplanade de l'Hôtel de Ville d'Oslo où sont installés les terrains. D'un seul souffle, ils crient vouloir être champions et lutter à jamais. Leur « luchar por siempre » (« lutter à jamais »), répété en boucle, laisse percevoir de l'impatience : le besoin que le coup d'envoi du tournoi soit enfin donné. D'autant que le Mexique arrive en champion lors de cette édition. Dans le tableau féminin comme dans le tableau masculin, le Mexique est tenant du titre, un titre gagné par la génération précédente, que d'autres vont désormais défendre. En effet, cette Coupe du Monde a une autre particularité ; chaque année, de nouveaux joueurs et joueuses sont sélectionnés pour la disputer. Ainsi, elle devient une chance pour tous, une invitation au partage, plus qu'un cumul des sélections et des médailles ; ce qui n'empêche pas de naître la motivation de gagner et, dans cette quête collective, d'y trouver de l'amour-propre.

Le coup d'envoi symbolise l'opportunité de tourner une page froissée, l'espoir de mettre fin aux tourments d'une réalité diminuée. Raquel Arguelles, Remedios Hernandez, Dulce Valente, Cecilia Palmas, Alejandra Zacapantzi, Anayeli Onofre, Cynthia Peraza, et Jacqueline Villa Sandoval : nous retrouvons dans l'équipe féminine mexicaine, ces huit footballeuses amatrices, déterminées à faire valoir leur nom…

De la rue au terrain

« Dale Dale Ooooh, Dale Dale Ooooh, Dale Dale Oh… Dale Mexico ! »
Premier match pour la formation féminine mexicaine. En tribunes, l'équipe masculine au soutien, accompagnée d'un catcheur mexicain masqué – le supporter pas vraiment discret –, de quelques fans et des personnes du staff. La délégation mexicaine est nombreuse et ambitieuse ; elle est supportée par l'association Street Soccer Mexico, dont l'histoire est étroitement liée à celle de la Homeless World Cup.

Après avoir participé à leur première Coupe du Monde, avec une équipe masculine constituée à la hâte en 2006, l'association fut créée. Le potentiel et l'humanité de cette compétition ont eu une résonance forte et ont fini de décider ses dirigeants. Au fil des années, ils ont peaufiné un programme tourné vers les personnes dans le besoin : les sans-domicile fixe, celles souffrant d'addictions à la drogue ou à l'alcool, mais encore celles victimes de la pauvreté ou des violences des cartels.

L'objectif consiste à permettre aux personnes laissées pour compte de bénéficier du cadre d'une pratique institutionnalisée, et ainsi de les insérer dans un système où elles vont développer discipline, sens des responsabilités et estime de soi. D'abord, un tournoi centralisé au sein d'un seul État a servi à façonner les équipes qui allaient concourir chaque année pour la « Homeless », comme on l'appelle plus familièrement ; puis, progressivement, grâce à un partenaire financier national, et l'appui des pouvoirs publics locaux, le programme est devenu opérationnel dans les trente-et-un États du Mexique, ainsi que dans la capitale fédérale, Mexico. Aujourd'hui, près de vingt-cinq mille joueurs et joueuses participent, chaque année, à une journée de détection locale proche de leur lieu de résidence, avant de jouer un tournoi national, et tenter de décrocher leur billet pour cette Coupe du Monde.

Cynthia Pereza en action

« Dale Dale Ooooh, Dale Dale Ooooh, Dale Dale Oh... Dale Mexico ! »
Après seulement un mois de préparation en tant qu'équipe fraîchement constituée, combinant avec des joueuses venues de tout le pays, les Mexicaines enchaînent les victoires ; de nuit sous la lumière des projecteurs, comme de jour sous le soleil éclatant du Nord, elles semblent jouer ensemble depuis toujours.

À Coupe du Monde exceptionnelle, conditions de pratique aménagées. Sur un terrain de 22 mètres par 16, elles sont quatre joueuses, dont la gardienne, à évoluer lors de deux mi-temps de seulement 7 minutes chacune. Les changements se font dans des rotations illimitées, sans aval de l'arbitre. Les attaques se mènent à trois contre deux, car une règle impose à une joueuse, au minimum, de rester dans son camp. Ces modalités de jeu exigent des qualités techniques précises et l'élaboration minutieuse d'attaques placées pour profiter de la supériorité numérique. La maîtrise mexicaine impressionne : les automatismes sont huilés et les frappes chirurgicales. Aux abords des terrains aussi, elles ne laissent pas insensible. Leur échauffement sur le bitume ne tolère aucun point de côté. Pourtant, les pas chassés, les pas croisés et les accélérations se cadencent au son de leurs voix, au rythme de leurs chants, pour finir dans un mouvement commun, les mains levées vers le ciel : « un, dos, tres, Mexico ! » La formule est simple, le jeu épuré, la gagne encouragée. Elles terminent en tête de leur groupe. À l'issue de la phase de poules, d'autres tableaux sont élaborés en fonction du classement des équipes. Autre originalité de ce mondial, toutes les équipes jouent le même nombre de rencontres, et aucune n'est jamais éliminée de la compétition.

Les Mexicaines déroulent jusqu'à la grande finale. Elles affrontent le Chili, un adverse latin à la niaque débordante, au nationalisme viscéral. L'engagement commence dès la première note de leur hymne : la main sur le cœur, la poitrine gonflée et la tête haute. Dans une opposition intense, malgré la pression, les Mexicaines réussissent à garder leur calme et à faire parler leur efficacité. Le score final - 4 à 2 - leur donnera raison. Une raison d'y croire et de ne pas en rester là...

« Dale Dale Ooooh, Dale Dale Ooooh, Dale Dale Oh... Dale Mexico ! »
Alors que les hommes, eux, sont stoppés en finale face au Brésil, avec son équipe féminine, le Mexique est champion pour la cinquième fois en dix participations[1]. Le moment de soulever la Coupe et de croquer sa médaille est savoureux de consécration, mais ponctue d'un point, toujours pas de côté, mais d'un point final une aventure extraordinaire.

[1] L'année suivante, en 2018, l'équipe féminine mexicaine a encore été championne lors de la Homeless World Cup organisée dans la ville de Mexico.

MÉXICO
TELMEX
TELMEX
FINAL
5-SEP-2017
ASTRO

Championnes du monde, et après ?

Durant la compétition, leur quotidien s'est présenté sous un jour nouveau, loin des contraintes, des angoisses et du vide. Jouer au football durant une semaine entière, défendre son pays, témoigner de sa force, se prouver que la solution est en chacune d'elles. Grâce au football, et à l'équipe, l'épreuve de la vie est devenue un jeu, les problèmes sociaux se sont dilués au fur et à mesure des rencontres, et chaque perle de sueur a laissé couler le stigmate d'une existence en reconstruction. Elles ont mouillé le maillot pour ne plus être sur la défensive, reprendre le contrôle de leur vie sans avoir peur de laisser leur cage libre. La victoire devient futile quand l'épanouissement prend de l'ampleur.

Le football est guérison mais aussi passion. Après une telle épopée, elle ne retombe pas…

Les championnes ont encore un peu de répit. Nous décidons de les suivre jusqu'à Mexico. Dans l'avion, même le personnel de bord leur rend hommage. Dès l'atterrissage, les médias sont là pour les accueillir, elles sentent qu'il s'est vraiment passé quelque chose. Elles sont ensuite escortées jusqu'au siège de Telmex, le sponsor de l'association Street Soccer Mexico, qui possède une chaîne de télévision nationale câblée. En leur présence, sur le plateau, une grande page d'actualité leur est consacrée. Lors de cette émission, seul le titre de championnes du monde est évoqué ; leur histoire personnelle ne déteint pas sur ce triomphe collectif, mais bientôt elles devront à nouveau se confronter à leur réalité. Un retour, au premier plan, de ce qu'elles ont laissé au pays…

Avec Remedios dans les rues de Pénjamo

Il y reste des souffrances psychologiques, martelées du manque d'égalité de traitement entre les filles et les garçons au sein des familles où le machisme règne, des abus, des violences, des addictions et des vices ; autant de situations qui rendent fragiles. Surtout quand elles sont soumises à un autre triste révélateur : 80 % de la population mexicaine vit dans une situation d'extrême pauvreté.

Remedios Hernandez, la gardienne de but de l'équipe mexicaine, n'a pas eu le temps de profiter du plateau télé et de l'euphorie du sacre. Ses deux fils l'attendaient à la maison. À 23 ans, elle est déjà mère de deux enfants : Dylan, son cadet, a 9 mois à peine, et Giovanni, son aîné, a 4 ans. Elle n'a pas souhaité rester vivre avec leur père… Désormais, elle vit sous le toit familial. Pour subvenir à leurs besoins, elle est vendeuse de rue. Elle arpente les dédales de sa ville de Pénjamo, pour vendre des glaces et des gélatines, confectionnées avec sa mère en cuisine, aux automobilistes et aux passants.

Sa médaille de championne du monde trouve sa place dans sa chambre, qu'elle partage avec ses enfants et ses frères. Elle n'est pas là pour décorer. Car si son ordinaire n'a pas changé, cette conquête a forgé son état d'esprit, et posé les balises d'un chemin à suivre ou, en tout cas, des travers à éviter. Le travail de l'association Street Soccer Mexico, grâce à l'expérience commune et puissante du football, permet aux joueuses d'acquérir des ressources mentales, parade aux difficultés, rampe de lancement aux projets personnels.

Gabriela Herrera, gardienne de Pachuca

Lizbeth Ángeles, attaquante de Pachuca

Sur notre route mexicaine, nous avons croisé d'autres championnes du monde, sacrées de la « Homeless ». En 2015, elles avaient voyagé jusqu'à Amsterdam pour représenter le Mexique. Gabriela Herrera, Yamile Franco, Lizbeth Ángeles jouent maintenant au football à haut niveau au sein du championnat national, fraîchement lancé : la Liga MX féminine. Petites, elles pratiquaient toutes le football pour s'évader ; dans leur quartier, leur communauté, au sein de championnats amateurs. Désormais, elles peuvent prétendre à l'équipe nationale et, mieux que cela, être sélectionnées. Yamile Franco a d'ailleurs remporté, en 2018, avec le Mexique, les Jeux d'Amérique centrale et des Caraïbes. L'attaquante, Lizbeth Ángeles, seulement convoquée, n'a pas encore eu la chance de jouer avec la « Tri », surnom de la sélection nationale, mais enchaîne les buts avec son club de Pachuca, et pourrait en être à l'avenir.

À ces jeunes filles qui sont parties de rien, le football a offert un équilibre pour une vie plus stable. Finalement, avec persévérance, elles ont décidé d'aller chercher une carrière.

La passion contre le machisme

La pratique féminine du football existe depuis cinquante ans au Mexique, mais ce n'est qu'en 2017 que la voie de la professionnalisation a émergé. La Liga MX féminine, bâtie sur le même modèle que la ligue masculine, a eu le mérite de leur offrir des perspectives, d'accorder aux jeunes femmes le droit d'être opportunistes. Elles sont près de cinq cents à évoluer dans le championnat. Elles ne sont pas professionnelles, leur salaire moyen en club n'atteint que 4,4 % du salaire moyen de D1 féminine, le championnat français. Autrement dit, il leur paye juste leurs crampons ! Mais les joueuses s'accrochent à un statut et des conditions de pratique qui répondent à un processus de développement global : le football et les études comme combinaison unique à leur double projet de vie.

En outre, dans certains clubs, comme celui de Pachuca, bien que les hommes et les femmes n'aient pas les mêmes privilèges financiers, tous et toutes bénéficient des mêmes installations, d'un encadrement sportif et médical similaire, et de la même salle de conférence de presse. Nous avons vu défiler, à la tribune, Lizbeth Ángeles puis son homologue masculin. De cette façon, la presse est obligatoirement là, et l'actualité de l'équipe féminine est couverte avec une attention constante. Aussi, dans un Mexique machiste, la récente ligue devient le réceptacle de leur inflexible passion. Lors de certains matchs à enjeu, comme lors de la dernière finale du championnat 2018, elle résonne et bouscule jusqu'à plus de cinquante mille spectateurs. Ce record mondial d'affluence pour un match féminin[2] s'est propagé au-delà des frontières mexicaines, et prouve que le football conjugué au féminin a besoin de voyager pour grandir… Tout comme l'ont fait Remedios et ses partenaires en Norvège.

Si, aujourd'hui, Remedios joue avec le club de sa ville de Pénjamo dans le championnat régional, certaines de ces coéquipières ont pris le chemin de la Liga MX. Dulce Valente a signé à Pachuca, Cynthia Peraza s'est engagée avec le club de Santos. Pourtant, quand elles n'étaient pas encore championnes du monde à Oslo en 2017, elles nous disaient que jamais elles ne pourraient intégrer le championnat national mexicain. Elles ne savaient pas encore quelles portes allaient s'ouvrir à elles, et n'avaient pas pris la mesure de leur potentiel.

De championnes du monde des sans-abri à pensionnaires du championnat professionnel, il n'y a qu'un pas, ne pas douter…

[2] Finale du championnat 2018 : Tigres *vs* Monterrey.

MEXICO CALIENTE
Tijuana, septembre 2017. Andrea Rodebaugh, coach des Xolas (équipe de Liga MX équivalent de la 1ère division), a accepté de nous accueillir pour leur match contre America, en baisser de rideau du match des Xolos, équipe masculine. Cela leur permet de jouer dans le stade caliente, généralement réservé aux hommes. Une belle promotion ! Nous partons la veille du match de Mexico...
GATES 10 → 20 →
Oh oh... Andrea a envoyé un mail : le match c'est finalement.. CE SOIR !
AEROPUERTO INTERNACIONAL DE TIJUANA
TAXiii !
Nous longeons le mur-frontière avec les USA. Les abords du stade sont noirs de monde : au Mexique, on est fou de foot !!...
Xolas
Pas de 4G, pas d'accréditation : comment joindre Andreas et pénétrer à l'intérieur du stade...?
L'attaché de presse nous fait entrer dans le stade à 1h du coup d'envoi !
Andrea
Nous voilà enfin dans les vestiaires...
Ambiance night-club !!
XOLAS
3
4
Pour finir en beauté, nous entrons sur la pelouse avec les Xolas...
8
Ambiance Caliente garantie !!

Remedios Hernandez

« La vie, le malheur, l'isolement, l'abandon, la pauvreté, sont des champs de bataille qui ont leurs héros ; héros obscurs plus grands parfois que les héros illustres. »
Victor Hugo

Remedios Hernandez, la Mexicaine, est championne du monde ! La gardienne de but, fière, laisse ses larmes rouler sur ses joues et embrasse le tatouage gravé sur son bras. À cet instant, elle pense à ses deux garçons, Dylan et Giovanni, qu'elle a dans la peau ; ils sont restés au pays. Elle aimerait partager ce moment avec eux. C'est la première fois que la jeune femme quitte le Mexique. Pas commun pour une joueuse de la sélection. Remedios, joueuse mexicaine, ne pourra plus jouer avec cette équipe à l'avenir. Pour elle, c'était comme un moment de grâce aux ressentis contradictoires, la joie du titre remporté d'un côté et le caractère éphémère d'un rendez-vous unique de l'autre. La règle est claire : il est interdit de participer deux fois à la « Homeless World Cup ». Les chants raisonnent encore à Oslo et nous transportent jusqu'à Pénjamo, la ville natale de la championne accueillie avec les honneurs pendant que ses coéquipières reviennent sur leur aventure, invitées sur un plateau télé. Sa tenue de footballeuse rangée, la jeune maman de 23 ans, descendue de l'avion et de son petit nuage, doit faire face à un quotidien compliqué. Elle nous invite chez elle, dans sa modeste maison où elle vit avec ses parents, ses enfants, ses frères et ses soeurs. Il y a plus de personnes à loger que de mètres carrés au sol mais elle n'a pas d'autres choix que de s'en accommoder… Dans sa vraie vie, Meyo de son surnom, est vendeuse de glaces dans les rues de Pénjamo. Dans le bureau du maire où elle est reçue, elle évoque ses envies d'être ici, mais ailleurs que dans la rue pour donner un sens à sa vie professionnelle. Son nouveau statut de championne du monde lui donne de l'espoir et de l'ambition. Elle aspire, avec l'appui de la municipalité, à créer sa propre école de football pour offrir aux jeunes de sa ville un tout autre destin…

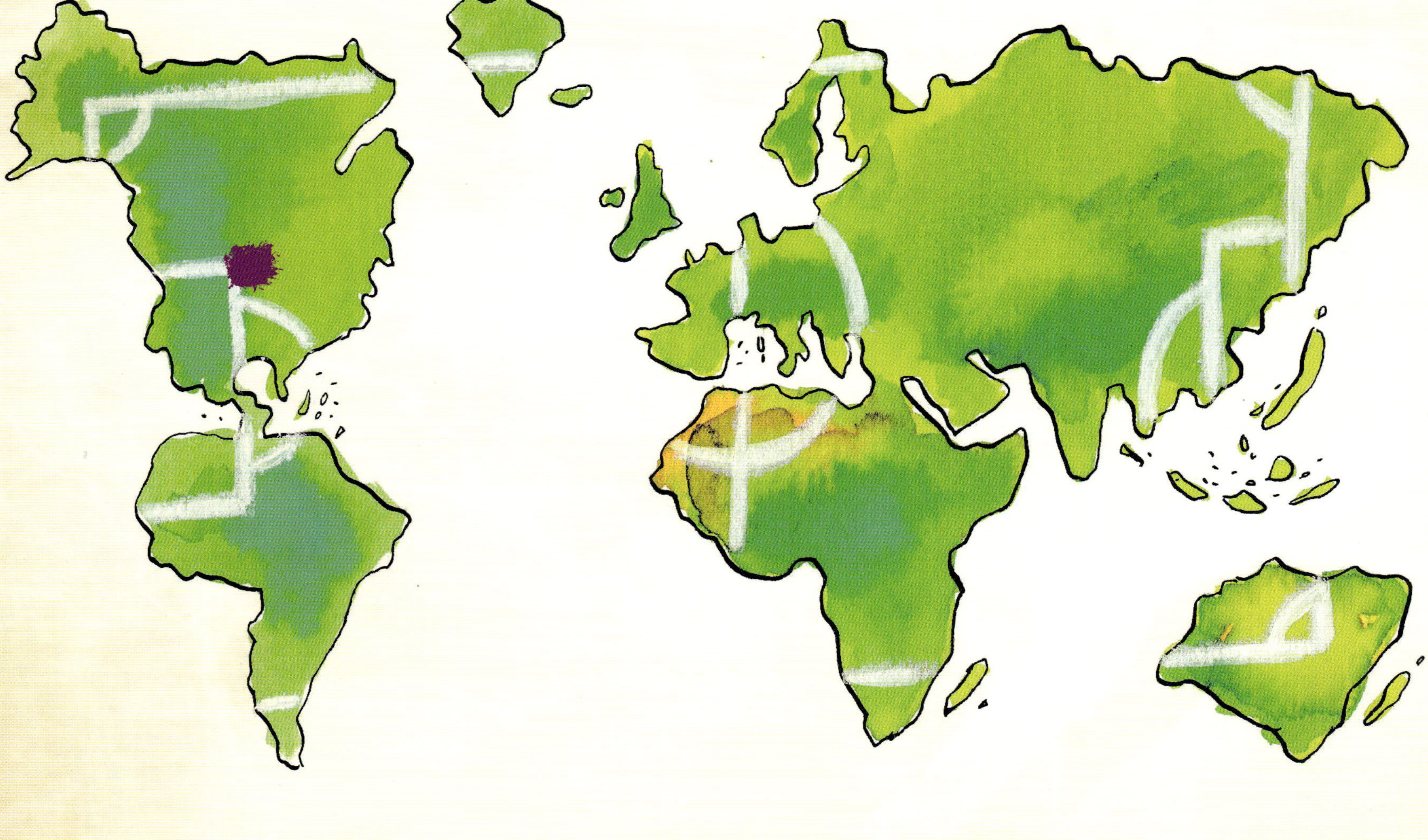

États-Unis

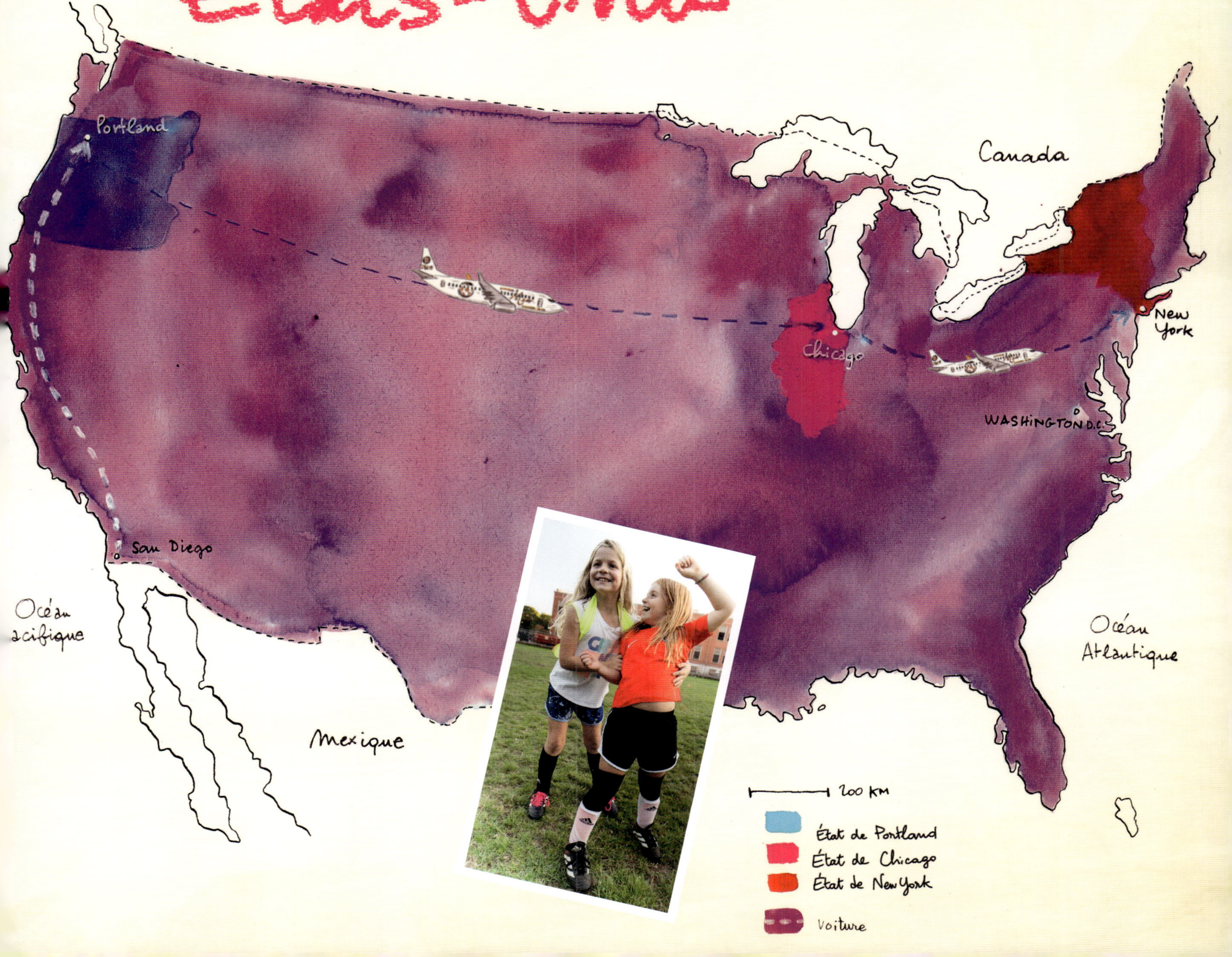

Portland
Canada
Chicago
New York
WASHINGTON D.C.
San Diego
Océan
acifique
Mexique
Océan
Atlantique
200 KM
État de Portland
État de Chicago
État de New York
Voiture

"The Bean"
CHICAGO

Aux États-Unis, le soccer, longtemps considéré comme un sport secondaire – football américain oblige – a trouvé, avec les femmes, ses lettres de noblesse, et aussi un terrain économique florissant. Son ascension conjuguée au féminin est-elle à l'image du rêve américain, et à quel prix devient-on une joueuse professionnelle ?

Les "Stars and Stripes"

Une invitation à la Maison-Blanche du Président Barack Obama en personne. Un défilé de plus d'un million de personnes dans les rues de New York. Une nouvelle médaille d'or autour du cou.

Le 6 juillet 2015, les « Stars and Stripes » ont mis une fois encore l'Amérique sur le toit du football international. Elles comptent désormais trois étoiles sur leur maillot. Little Miss Soccer a traversé l'Atlantique avec cette image forte en tête.

Portland, Providence Park – Jour d'entraînement des Thorns

Avec Candice, nous avions commenté ce sacre sur Eurosport, forcées de reconnaître que les États-Unis étaient définitivement le pays du football conjugué au féminin, enfin… du soccer. Pas touche au football, il est trop américain et réservé aux hommes, aux vrais, ceux allègrement habitués aux commotions cérébrales.

Soulever la Coupe du Monde est l'aboutissement de l'efficacité d'une structuration du soccer, capable de former des joueuses, propulser des stars et, surtout, d'entretenir le talent de génération en génération. La régularité américaine repose sur un système hiérarchique très élaboré, dans lequel chaque pépite peut être détectée, reconnue et devenir connue. En vingt-cinq ans de compétitions mondiales, de la première Coupe du Monde 1991 en Chine, jusqu'aux derniers Jeux Olympiques à Rio, les Américaines ne sont descendues du podium qu'une seule fois[1]. En tant qu'ex-footballeuses amatrices, nous étions fascinées devant cette suprématie incontestable au haut niveau. Nous voulions aller voir.

La deuxième exception américaine repose sur son indépendance. Le soccer est un sport de filles. Historiquement, il était la risée des hommes. Pour eux, c'était un sport « non américain », joué sur la base du « flopping » c'est-à-dire de la simulation d'une chute au sol après un contact léger. Bien que ces représentations aient changé, notamment pour des raisons économiques et géopolitiques, le soccer est aujourd'hui incontestablement un sport de femmes, dont l'organisation et la pratique ne s'ancrent pas dans le sillage d'un modèle masculin.
D'ailleurs, l'équipe nationale masculine, pourtant en progression, n'a jamais rien gagné. Et, soyons franches, cela fait du bien de voir les femmes investies porte-drapeau d'une nation, au niveau du football mondial, car sur une grande partie de la mappemonde, il continue de concentrer toutes les formes de machisme et ce mépris à leur égard.

Aujourd'hui, rares sont les Américains à ignorer qui sont Mia Hamm, Alex Morgan, ou encore Carli Lloyd. Ils se moqueraient presque de nous quand nous leur demandons s'ils les connaissent ! La vérité est dans leur bannière : ces étoiles font vibrer tout un peuple.

[1] En 2016, aux Jeux de Rio, les États-Unis sont éliminés aux tirs au but, en quart de finale, face à la Suède, finaliste lors de cette édition.

New Relic.
THORNS FC
0
2:25
PRIDE
0
SHOTS
0
1ST HALF
0
SHOTS
C.KICK
0
0
C.KICK
PROVIDENCEPARK
Audi Beaverton
ROOT SPORTS
KeyBank
Ford
OREGON
2013 NWSL CHAMPIONS
PORTLAND TIMBERS RING OF HONOR
2015 MLS CUP CHAMPIONS
we know what we are
but know not
what we may be

Portland : "Soccer Town"

Ce véritable rêve féminin a également attiré de nombreuses grandes joueuses par-delà le monde. La France a eu ses représentantes au sein du championnat américain : Marinette Pichon a été la première à conquérir les States, élue meilleure buteuse et joueuse de la ligue, dès sa première saison avec la franchise de Philadelphie ; puis Sonia Bompastor et Camille Abily ont également fait le voyage. Amandine Henry est la dernière joueuse française à avoir vécu l'expérience *made in US*. Après avoir tout gagné en France et sur la scène européenne, Amandine Henry, considérée comme l'une des meilleurs milieux de terrain du monde, s'offre un nouveau défi outre-Atlantique[2]. Nous avons décidé de lui rendre visite à Portland, sans présumer qu'elle jouerait les play-off de la National Women Soccer League (NWSL).

Portland, septembre 2017.
Nous arrivons un jour de match, et c'est dans l'air ! Le Providence Park, l'antre des Thorns de Portland, comme est surnommée l'équipe féminine, affiche complet ; une constante dans cette ville décrite comme la « Soccer Town », soit la ville du football, aux États-Unis. Sa réputation se vérifie au fur et à mesure que nous voyons débouler les supporters sur l'esplanade du stade. C'est le dernier match de la saison régulière, les Thorns affrontent les Red Stars de Chicago.

Dans la foule, nous croisons des petites filles avec le maillot d'Amandine Henry sur les épaules… Elles connaissent quasiment toutes les joueuses, c'est presque irréel pour nous. Après avoir sondé quelques personnes aux abords du stade, nous comprenons qu'ils ne sont pas que des spectateurs, mais de véritables supporters, amoureux de soccer.

[2] Lors de la Coupe du Monde 2015, elle est nommée ballon d'argent.

En tribunes, les plus enflammés prennent place dans le virage, dans un kop exalté grâce à quelques fervents acteurs, présents à chaque match des Thorns mais aussi des Timbers, l'équipe masculine du club de Portland. Parmi eux, Sunday, la femme à la crête aux pics rouges ! Son look en dit long sur sa passion. Une passion qui n'accepte pas les inégalités ni de genre, ni de statut, et qui inspire toute une génération engagée dans la revendication des droits de chacun. Au stade, elle n'a comme devoir que de rassembler pour gagner. Cette communion entre joueuses et supporters est euphorisante. Sur le terrain, le Portland d'Amandine Henry, mais aussi d'Allie Long, de Lindsey Horan et de la capitaine canadienne Christine Sinclair, se rend très vite le match facile et l'emporte.
Au coup de sifflet final, les fanatiques des tribunes deviennent romantiques. Réputée pour ses nombreux jardins de roses, Portland est aussi appelée « Rose City ». À chaque match, ce surnom est honoré, les joueuses sont décorées de la fleur reine, car il n'y a pas de Thorns (traduit « épines » en français) sans roses.

Difficile de quitter l'atmosphère vivifiante du Providence Park, surtout quand la France gagne. Pour la demi-finale des play-off, Portland y accueille Orlando. Nous assistons à ce match à enjeu, avec les parents d'Amandine Henry. Son père la suit de près dans ce sprint final, il a été présent à tous les entraînements avant cette rencontre, qui sera sa dernière dans sa ville d'adoption, une certaine nostalgie est perceptible. Dès la douzième minute, le numéro 28 se jette sur un ballon dans la surface de réparation adverse, et vient libérer les Thorns ainsi qu'Yvon, son père, si stressé qu'il a passé la semaine à mâchouiller des sucettes, à la mode Luis Fernandez !

Fumigènes, drapeaux géants, danses, chœurs, le Providence Park s'enflamme et portera son équipe jusqu'en finale. 2017 sera l'année de consécration pour Amandine Henry. Sur le plus petit score face à North Carolina Courage, elle s'offre le titre américain, comme Camille Abily en 2010.

De nombreuses grandes joueuses convoitent ce titre, et pour cause, il incarne ce qui se fait de mieux en football, disent observateurs et actrices. En outre, il suscite des vocations.

Un sens du but intégré

Aux États-Unis, le soccer n'est pas encore le sport numéro un, mais s'est largement démocratisé, et s'impose progressivement comme la pratique du plus grand nombre. À l'ouest comme à l'est, de Portland à New York, en passant par Chicago, dans tous les parcs, chaque week-end, des petites filles se distinguent avec un ballon dans les pieds, et un sens du but déjà intégré. Les parents s'emparent des espaces verts, s'installent sous des couvertures, sur des chaises de camping, s'arment d'une glacière et d'un pique-nique, et passent la journée à soutenir leur protégée. Les plus véhéments s'improvisent entraîneurs à coup de « kick the ball », et l'entraîneur officiel est toujours un parent bénévole, pour sûr fan de baseball.

Ce rendez-vous de pêcheurs sans canne offre une carte postale flagrante de la popularité du soccer dans sa pratique récréative. Dans ce cadre, il est également pratiqué après l'école, dans des structures associatives gérées par des volontaires. À Portland, Brad, papa de joueuse, et coach au Hollywood Soccer Club, entraîne chaque semaine des jeunes filles de 7 à 10 ans, et les amène au stade le week-end pour soutenir les Thorns, et parfaire leur culture foot.

Foot récréatif – Parc de Montrose à Chicago

Du soccer, so cher !

Pour progresser ensuite et espérer se rapprocher de l'élite, cela nécessite des moyens, car le soccer est aussi un business prospère. Un soccer, so cher et même parfois à la carte, est largement vanté. Dans des académies ou des clubs, au sein de ligues particulières comme la US Soccer Development Academy (Soccer DA), lancée en 2017 alors qu'elle existait déjà depuis près de dix ans pour les garçons, ou encore la Elite Club National League (ECNL), à l'inverse réservée d'abord aux jeunes filles, puis ouverte aux garçons en 2017.

Ces types de ligues amènent les jeunes filles à se consacrer au football ailleurs qu'à l'école ou au lycée. Elles choisissent une voie, enfin si les parents peuvent suivre financièrement. À Oakbrook, une commune de la proche banlieue de Chicago, nous avons rencontré le propriétaire de l'Eclipse Select Soccer Club. Les jeunes filles, de 7 à 19 ans, y sont accueillies sous couvert de 3000 dollars de frais d'inscription. Durant l'année, sont proposés des camps sur les périodes de vacances scolaires, facturés également, et largement, à la louche. Ces fabriques à championnes parlent en cash : la licence à 80 dollars l'année avec sac de sport, short, chaussettes et survêt fournis, tu l'oublies !
Dans d'autres académies privées, tu peux même avoir un prof rien que pour toi, pendant une heure, pour apprendre à faire une passe, si tu lâches un billet de 200 dollars. Plat du pied, sécurité.

Le soccer est ouvert à toutes mais, à ce prix, en faire sa profession n'a rien de populaire. Le talent n'a de direction que l'alignement du portefeuille de parents aisés. La carrière des jeunes filles se dessine au sein de ce type de club. D'ailleurs, les anciennes gloires Stars et Stripes y font souvent leur reconversion, en tant que directrice technique, directrice exécutive ou comme meilleur plan marketing.

L'université pour être repérée

La promiscuité de ses structures avec le niveau professionnel s'affiche avec force.
À titre d'exemple, Rory Dames, le propriétaire du club de l'Eclipse Select Soccer Club, que nous avons rencontré, est aussi l'entraîneur des Red Stars de Chicago. Notre anglais approximatif a trahi notre incompréhension de l'imaginer jouer sur les deux tableaux. Lors de son interview, nous ne l'avions pas reconnu !

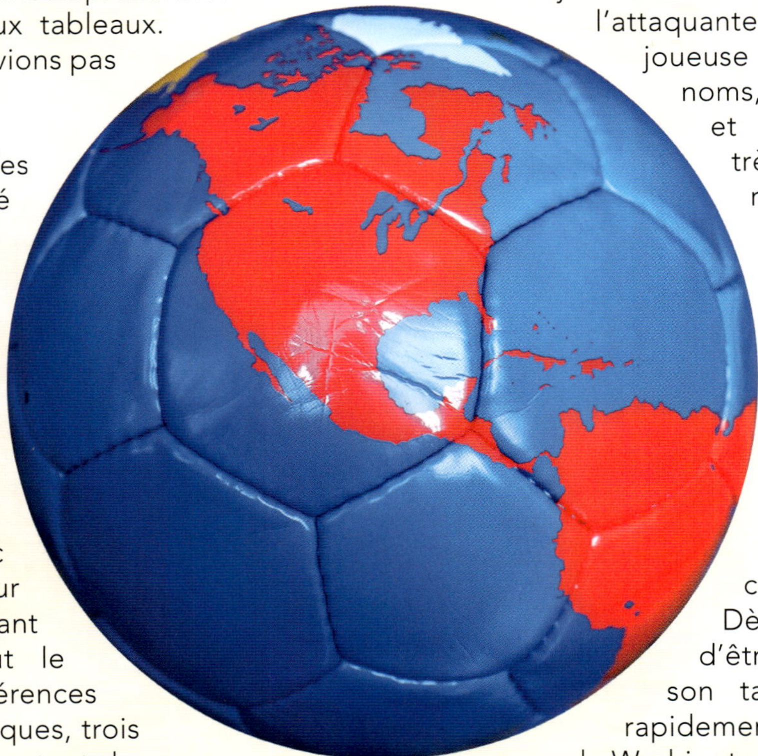

En grandissant, vient le temps des études supérieures. L'université devient alors l'antichambre du haut niveau. Pour étudier, il faut payer, mais avec de la volonté et du talent, l'équipe de soccer de l'université ouvre ses portes et réduit les coûts, avec l'octroi de bourses scolaires. Le fonctionnement du championnat universitaire, affilié à la National Collegiate Athletic Association (NCAA), se décline sur trois divisions, la D1 en représentant le meilleur niveau. Dans tout le pays, dans trente-et-une conférences regroupées par zones géographiques, trois cent trente-cinq universités se disputent chaque année le titre. L'université DePaul à Chicago en fait partie. En tribunes, lors de l'un de leurs matchs, nous avons pu prendre la mesure d'un niveau très élevé, tous les codes du professionnalisme sont déjà acquis.
Leur coach s'appelle Chastain, pas celle qui avait tombé le maillot après avoir marqué le tir au but victorieux de la Coupe du Monde 99 ; non pas la célèbre Brandi, mais Erin, sa belle-sœur, tout aussi footballeuse qu'elle. Son adjointe à DePaul n'est autre que Michelle O'Brien, l'attaquante internationale irlandaise, ex-joueuse du championnat américain. Des noms, de l'expérience, de la rigueur, et même une communication très contrôlée ; elles ont refusé de répondre à notre interview. Preuve que le championnat universitaire est tout aussi cloisonné qu'il est le lieu incontestable pour superviser les joueuses. Les meilleurs espoirs y sont « draftés » et trouvent leur place ensuite en NWSL. La seule Américaine, à l'exception de Lindsey Horan partie au PSG à 18 ans, à ne pas avoir emprunté ce chemin, est Mallory Pugh. Dès la fin du lycée, elle a choisi d'être footballeuse professionnelle, son talent exceptionnel a fini, très rapidement, de convaincre les dirigeants du Washington Spirit.

De l'espace vert du week-end à l'écrin pelousé, au millimètre près, des stades des franchises reines du championnat, le flux de grandes joueuses n'a comme limite que le plafond des investissements financiers nécessaires. Aux États-Unis, rien ne se perd, rien ne se crée, mais tout se paie. L'esprit américain et sa vision du soccer au mérite questionnent la ligne d'attaque d'une superpuissance économique.

Pendant ce temps, dans le Bronx à New York, sur un terrain municipal surbooké, juste derrière l'antre de la célèbre franchise de baseball des Yankees, a lieu, plusieurs soirs par semaine, l'entraînement d'adolescentes issues de la deuxième génération d'immigrés latinos. Elles sont accueillies gratuitement ou à moindres frais, selon le niveau de revenus de leurs parents. L'association les inscrit dans un programme éducatif global avec de l'aide aux devoirs, des cours de soutien ainsi qu'une assistance administrative des familles auprès des services de l'immigration. Sans oublier le football comme une récompense à l'implication scolaire. Pour jouer le match du samedi, aucun jour d'absence à l'école ne doit être constaté.

Ces jeunes filles ne sont pas nées sous les mêmes étoiles que les stars du championnat américain. Elles rêvent de football autant qu'elles y jouent, mais le système a ses failles, dans lesquelles leur classe ne peut s'engouffrer... Alors elles continuent à appeler le soccer, « football », enfin « futbol » en espagnol, et à le jouer avec plus de technique que de physique. Tout aussi populaire qu'il soit, aux États-Unis, le soccer n'a toujours pas le mérite d'appartenir à toutes.

SOCCER TOWN
Portland, USA, octobre 2017_Providence Park, stade des Thorns, équipe féminine de la ville. Elles affrontent aujourd'hui les Red Stars, venues de Chicago...
TV
TV
FEELIN' THORNY!
1 GOAL BEYOND
CITY OF THORNS
Le stade de 20.000 places est archi-plein !
LONG
Nous suivons Amandine Henry, la frenchie, Lindsey Horan, et Allie Long, toutes 3 anciennes joueuses du PSG. Allie était une des coéquipières de Candice !
Salut les filles !!
?
?
15 kg
TV
TV
PROVIDENCE
Le match se termine sur la victoire des Thorns. Nous descendons sur le terrain...
Hey !! Je t'avais pas reconnue avec tes lunettes !!..
Hi !
TV
immense drapeau pirate
THORNS
Sunday, une supportrice emblématique, électrise le public qui attend la cérémonie de remise des roses aux joueuses, comme à chaque victoire...
ROSE CITY RIVETERS
ROSE CITY RIVETERS
La devise du club, "by another name" est tirée de Roméo et Juliette. Quel meilleur symbole pour l'amour que se portent cette équipe et son public ?

Allie Long – Amandine Henry – Lindsey Horan

« L'alchimie est à mi-chemin entre la poésie et les mathématiques,
entre le monde du symbole et celui du nombre. »
Marie-Madeleine Davy

Amandine Henry passe à Allie Long, qui transmet à Lindsey Horan, et, en général, les filets tremblent ! Au moment de notre périple, les trois joueuses des Thorns de Portland, tracent des lignes de passes, additionnent les buts, soignent leurs statistiques, et multiplient les victoires dans le championnat américain (NWSL). Elles sont les figures du club de la « Rose City » (la cité de la rose). Pas de géométrie variable, les internationales américaines et la capitaine française plient et déplient le triangle, et s'amusent entre le « kick and run» américain et la « french touch ». Elles ont un point commun : avoir, toutes les trois, durant leur carrière, porté le maillot du PSG. Désormais réunies sur le rectangle vert du Providence Park, leur motivation n'a d'égale que la conquête du titre.
Après chaque victoire, sur leurs bases, elles sont invitées, du côté des supporters, à recevoir des roses comme une image que le maître attribue à ses élèves pour bonne conduite, récompense à l'implication. Cette communion entre fans et joueuses est non quantifiable en termes mathématiques, mais étale la science de la réussite. Combinaison franco-américaine où symbiose et grandiose se mêlent au jeu et à la vie, et créent les conditions de l'équilibre. À son arrivée aux États-Unis, Amandine Henry subissait les trajectoires excluantes du ballon toujours haut et loin devant ; au centre de gravité du triangle, au milieu du cercle des Thorns, elle a dû composer avec les paraboles passant au-dessus de sa tête, jusqu'à revenir à sa formule à elle : plus la distance est courte, plus le jeu est rapide. Ainsi, au club de la Rose, dans le sprint final, la logique scientifique s'est effacée au profit de la poésie du résultat. Cette année-là, ensemble, elles ont atteint le sommet du championnat américain, hyperbole de leur complémentarité.

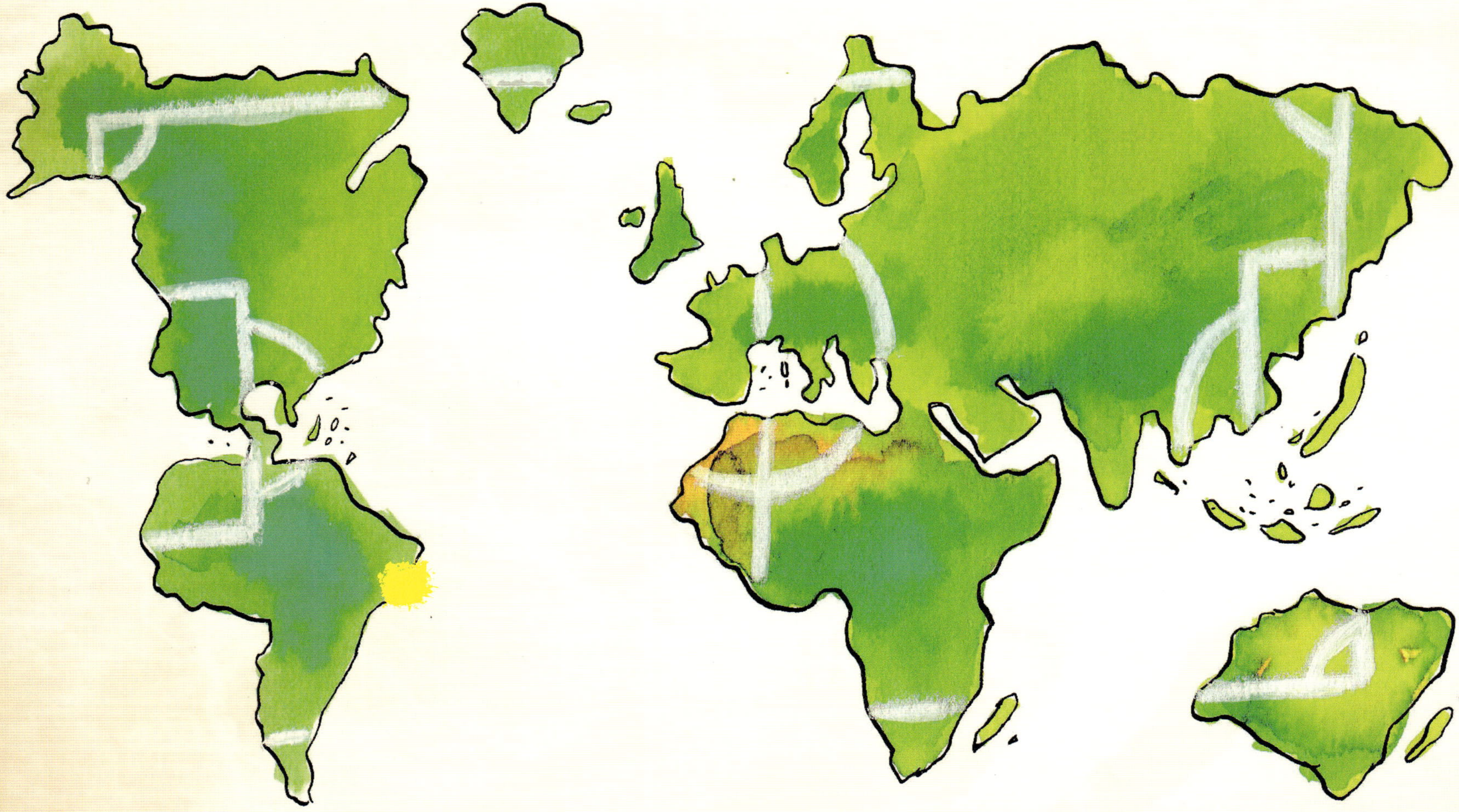

Brésil
Venezuela
Guyana
Surinam
Guyane française
Colombie
Équateur
Pérou
Bolivie
Océan Pacifique
Chili
Paraguay
Argentine
RIO DE JANEIRO
Océan Atlantique
Uruguay
200 km
État de Rio de Janeiro

Escalier Selarón

RIO DE JANEIRO

Quand le football se joue, à Rio de Janeiro, de la plage jusqu'aux nuages, le ciel se charge de promesses. Les favelas s'animent, et les jeunes filles se libèrent. Dans ces quartiers populaires, le terrain livre des enseignements positifs, et empêche la fatalité de s'installer dans les têtes. En quoi le football permet-il aux jeunes filles d'être actrices de leur vie, et d'éviter les pièges d'une société tourmentée ?

Rio de Janeiro, la ville merveilleuse

Cet endroit du monde où le football est associé au champagne, où le ballon se confond avec le soleil tant il est aérien, et où l'emploi du temps des habitants se calque sur le calendrier des matchs de la Seleção, la sélection nationale. Du jaune au bleu, du sable jusqu'à l'azur, le football n'a pas d'espace délimité, pas de genre approprié, et pas de marquage social. Il met le Brésil à ses pieds, et tout le monde d'accord. Rio de Janeiro, épicentre de la « Planète Foot », est le passage obligé d'un tour du monde du ballon rond.

Au sommet de Vidigal...

Pour rencontrer des joueuses de football, pas besoin de jouer les détectives. Il suffit d'enfiler ses « Havaianas » et de filer sur les plages alignées : de Copacabana à Leblon en passant par Ipanema. Des drapeaux et numéros de poste aident à se donner rendez-vous. Les jeunes filles se mêlent aux garçons, jonglent en toute décontraction pour le plaisir du jeu, avec ou sans filet, depuis que le « futvolei » (une combinaison de football et de beach-volley) est devenu une pratique officielle. Le décor est idyllique. Après une journée de travail ou d'ennui, le football fait tomber la nuit avec poésie. Sur la photo, les joueuses sont des silhouettes énergiques que leurs ombres font danser.

Puis, il y a la réalité de là-bas, au loin... Dans ce que nous appelons les favelas, mais que leurs habitants nomment communautés, comme pour souligner leur union. Au bout de plusieurs kilomètres de plage et de fantaisies exotiques, les vagues s'arrêtent... Elles finissent par buter sur un rocher de misère où vivent des amoureux du football, des détachés de l'existence. La favela de Vidigal est celle que l'on aperçoit au second plan, depuis la plage. Éclairé via un système sur courant alternatif, ce grand monticule de dureté et de fierté domine l'océan. Il abrite une population de près de cent mille habitants et, parmi eux, une joueuse régulière de futvolei, Tamires Domingos. Dans l'union décrétée de sa communauté, durant son enfance et son adolescence, elle a été en proie à toutes les discriminations : une fille, jeune, noire de surcroît, qui s'invite sur le terrain des garçons. C'était trop pour eux ! Ce sentiment d'injustice lui a donné des ailes pour côtoyer désormais le ballon, le soleil et le ciel.

Nous la rencontrons au poste 11, à Leblon. Elle ne porte pas son histoire sur elle, juste une paire de baskets tout-terrain pour passer, avec facilité, de son champ d'études dans le sport à ses loisirs de footballeuse. Sur cette plage, elle est comme toutes les autres, elle vient disputer une partie enjouée de ballon. Dans son quotidien, sur son flanc de colline de Vidigal, elle est à part, particulièrement concernée par la vie de sa communauté et le rôle à y assumer.

Futebol sur le toit du monde !

Pour comprendre ce que représente vraiment le football au Brésil, nous avons voulu la suivre, et prendre cette hauteur. Car si sur la plage, le football est léger, récréatif et bercé par la mer, au sommet de Vidigal, il change de dimension et de profondeur ; il dépend de ses actrices, et devient un argument identitaire puissant pour prendre sa vie en main. Même ludique, il ne peut supporter seul le poids de l'adversité.

Entraînement PlayLife – Communauté de Vidigal

Une action de terrain

Les exploits de Pelé, Ronaldo, Neymar ou Marta, leur homologue féminine, élue six fois meilleure joueuse de la FIFA, peuvent être trompeurs, mais ne relèvent ni d'une expérience mystique, ni d'une prière. Ils se réalisent sur le terrain, révèlent la sueur et le talent acquis. Pour fédérer et acheter la paix sociale, le football serait le Saint-Père. Pourtant, lors de la Coupe du Monde 2014, il semble avoir manqué de bienveillance. Une fois passée l'euphorie populaire, celle d'accueillir la crème du football mondial et d'imaginer la possibilité de voir le Brésil triompher sur ses terres, les habitants ont vite déchanté lorsqu'il est apparu que leur Coupe était rongée par la corruption, ternie par la violence policière à l'égard des désemparés, et le non-respect des travailleurs, sans qui elle n'aurait trouvé aucune place en tribune pour célébrer son anniversaire.

Le football ne peut être une croyance, faite pour se sentir mieux ou pour se donner de l'espoir et surmonter les épreuves. Aussi, il n'est certainement pas religion, mais véritablement action. On dit bien : « action de terrain ». À Vidigal, le carré de bitume où roule le ballon et courent les petites se trouve à quelques tournants de la maison de Tamires, au point le plus haut de la cité. Il offre une vue plongeante sur l'Atlantique, mais peu de perspectives à l'horizon.

Victoria

Ce contexte a poussé Tamires à agir. Dans sa communauté, elle est la seule à avoir eu l'audace de franchir les portes de l'université, et surtout à ne pas avoir abandonné. Elle ne puise pas sa motivation dans la volonté de s'extirper de sa cité de naissance mais, au contraire, entend bien y exister plus forte, et servir de modèle à ses benjamines. Arpenter les pentes de Vidigal, y côtoyer ses habitants, et interpeller leur routine, donne accès à une compréhension mitigée des besoins, du potentiel et des opportunités à saisir dans ce chaos organisé où cohabitent espérances et effrois.

Il y a des fois où… Il y a des cas où… Il y a des gens qui… Cette suite de suspensions résume bien le flou de leur destinée, et l'importance de l'action de Tamires à travers son association : « PlayLife ». Elle incarne le moment, le cas et la personnalité à avoir, voire à imiter, pour ne pas succomber aux lamentations et combler de plénitude une nature précaire.
PlayLife, son nom a une résonnance internationale, et met chacune face à ses propres convictions : sur le terrain se joue la vie, leur vie…
Sur le terrain de jeu « multisport » du quartier, grand comme un terrain de basket, habillé avec les marques d'un terrain de hand, tous les samedis matin, Tamires entraîne des jeunes filles au football. Elle les accueille dès l'âge de 7 ans jusqu'à 18 ans. Leur offrir une activité afin de leur éviter de traîner dans la rue lorsqu'elles n'ont pas « école » est son premier engagement. Elle connaît trop bien les maux qui guettent les enfants livrés à eux-mêmes, ceux que le temps libre expose aux mauvaises fréquentations et à leurs vices. Le samedi matin où nous devons assister à l'entraînement, une pluie déferle sur Rio. Vidigal et ses méandres, aux égouts branlants, supportent mal de voir gronder le ciel.
Tamires est obligée d'annuler la séance car le terrain est détrempé, et la pratique dangereuse. Pour garder le rythme hebdomadaire, elle fixe un créneau dès le lendemain. Les vocations sont si vite abandonnées si les habitudes ne s'ancrent pas… Nous sommes là, tôt, le dimanche. Elle vient nous chercher en bas de Vidigal, sur la place où traînent les hommes et où nous ne nous sentons pas tout à fait à l'aise. Les regards sont pesants et pressants. Hop ! Vite une moto-taxi, quelques virages en épingle, quelques frayeurs de non-initiées à l'anarchie routière, et nous voilà prêtes à épauler Tamires dans sa mise en place. Le sol est d'asphalte, les lignes de touche s'entraperçoivent en fronçant les sourcils, les cages ne portent pas de filets, et les abords du stade sont sans recul, cernés de murs, tagués de graffitis bigarrés. En couleur, le slogan « Hasta la victoria siempre » se trouve juste derrière le but, pour susciter des ambitions, telle une invitation à en sortir triomphant.

PLAYLIFE
PLAYLIFE

Jour d'entraînement

Ce jour-là, le terrain a besoin d'une remise en état, victime des furies bruyantes et dégradantes d'un samedi abusif. Tamires, dérangée, n'a pas dormi de la nuit, elle lutte contre le manque de sommeil, mais ne se laisse pas abattre. L'action est revitalisante. Elle se charge de ramasser tous les déchets, s'arme de balais pour évacuer les amas de pluie de la veille. Avec les flaques s'évapore le reflet des nuages vers plus de clarté.

En ce dimanche, il n'y a que la moitié de l'effectif habituel, elles ne sont que cinq pour participer à l'entraînement. Les autres ont peut-être subi le vacarme nocturne, elles aussi… Toutes sont parées d'un maillot sur mesure, au nom de l'association. Fernanda, Julia, Victoria, Larissa et Maria commencent par quelques tours de chauffe, en flexion et extension, pour aller cueillir l'air et repousser le sol ; les visages retrouvent le sourire du jour.

Équipe PlayLife

Tamires, sifflet autour du cou, donne ses consignes, et n'hésite pas à mouiller le maillot pour faire une démonstration de chaque exercice. Une série d'ateliers techniques avec ballon, individuels puis à deux, est au programme. D'abord, leur apprendre à garder le ballon dans les pieds, près d'elles, comme s'il faisait partie intégrante de leur anatomie. Elle exige beaucoup d'application. Son pragmatisme pourrait paraître froid, mais ses intentions ne sont qu'abnégation. Sa manière d'être incarne la rudesse de leur contexte social et le besoin de rester lucide pour ne jamais se laisser déborder. Enfant, elle n'a pas eu cette chance de pouvoir pratiquer son sport dans les conditions offertes aujourd'hui à « ses filles », comme elle les appelle. Elle tient à ce qu'elles réalisent et honorent cette opportunité. Tamires n'est pas qu'un modèle footballistique, elle est une femme d'action et de dignité qui se fixe des objectifs et non des rêves.

Dans son groupe, Maria adopte la même posture. Comme Tamires, elle est mordue de foot, et le prend très au sérieux. Pour la récompenser de son implication, Tamires l'a sélectionnée pour participer à un programme visant à rendre les jeunes filles autonomes, responsables, et leur permettant de gagner en confiance face à leurs aspirations. En partenariat avec une grande marque de voiture, sponsor du club de Manchester United, Maria et Tamires ont pris l'avion, pour la première fois, depuis Rio, pour rejoindre la ville anglaise et, plus précisément, le stade d'Old Trafford. Elles ont vécu l'ambiance effervescente d'un match de Premier League, au plus près de la pelouse et des acteurs. De quoi leur en mettre plein les yeux ! Ensemble, grâce au football, elles ont fait l'expérience de l'ouverture sur le monde. Côtoyer d'autres cultures, goûter à d'autres cuisines, entendre parler d'autres langues, elles n'auraient pas imaginé cela possible dans leur vie.

Au sein de l'association, après avoir joué le langage universel du football, les jeunes filles apprennent à parler l'anglais ; Tamires a réuni autour d'elle quelques bénévoles anglophones, souvent originaires d'autres pays. Chaque samedi, après l'entraînement, l'un d'entre eux assure la classe. Elle aussi en profite pour l'apprendre… Le parcours de la coach et de « ses filles » est imbriqué. Ensemble, elles jouent au football, apprennent l'anglais, mais surtout grandissent et se rappellent à quel point il est important de croire en ses capacités. Changer le sort de la communauté commence par se changer soi-même. De cette manière, on donne à voir des preuves légitimes, et on devient ainsi des modèles.

Classe d'anglais PlayLife – Vidigal

Vidigal
comunidade
favela
-experience-

Du soccer au futebol !

Il y a des fois où, il y a des gens qui, il y a des cas où… Tamires aussi a eu une personne référente à une époque où elle avait des choix à faire. Ses besoins ont trouvé une réponse dans l'action d'un couple d'Américains, Shanna Adderley et son mari, Ky, venus s'installer au Brésil pour le travail. Shanna, joueuse passionnée de soccer, n'étant pas une adepte du bikini ni de chirurgie esthétique, n'a jamais trouvé un terrain de jeu accueillant dans la ville du football.
Face à ce non-sens, elle a prospecté et créé en 2014, juste avant la Coupe du Monde, un créneau de football réservé aux filles, dans la favela de Chacára do Céu, située dans la zone sud, non loin de Vidigal. Les filles des alentours y ont été conviées. Le premier jour, elles n'étaient que quatre et avaient quarante-cinq minutes de retard à l'entraînement ! En tant que « gringa », au sein de la communauté, de nombreuses personnes émettaient des réserves sur sa démarche ; en outre, plusieurs initiatives de ce type étaient déjà tombées à l'eau, emportant avec elles des illusions déçues.

Tamires était l'une de ses joueuses, en plus d'être sa capitaine et son amie ; elle l'a aidée à convaincre les filles qu'être là, ensemble, leur donnait force et crédibilité pour défier les autorités. Elles sont devenues l'équipe des « Soccer Girls » et, Tamires, la seule personne à pouvoir reprendre le flambeau lorsque Shanna a dû partir. À ses côtés, elle s'est découvert des qualités qu'elle ne soupçonnait pas. Durant cette aventure commune, sa timidité s'est effacée au profit d'un leadership endossé. Ce projet l'avait délivrée, il ne devait pas mourir…

« PlayLife » repose sur l'histoire mouvante, passée et à venir de Tamires, cette jeune femme de la favela de Vidigal, qui a décidé de se mettre en mouvement pour rester droite, et entraîner dans son sillage d'autres jeunes filles dont la voie attend des paroles exemplaires. Depuis notre passage, leur terrain de jeu a un marquage de terrain de futsal, les cages ont des filets, les ballons ont trouvé refuge dans un local à matériel. Deux créneaux football sont ouverts : un pour les petites de 7 à 11 ans, et un autre pour les adolescentes de 12 à 18 ans. Sur la terrasse qui sert de salle de classe, au-dessus du terrain, des chaises et des tables reçoivent ces élèves en passe de devenir bilingues. Aussi, deux tags se sont ajoutés au décor urbain : celui de Marta, évidemment, proche du tableau noir, avec un message écrit en anglais : « Si tu aimes et crois en ce que tu fais, ne cesse jamais d'avancer » ("If you love and believe in what you do, you have to keep going"). Et un deuxième, dans les tribunes :

Maria

le logo de l'association qui fait désormais partie des murs. Enfin, nous n'avions aucun doute là-dessus, Tamires est diplômée : elle est professeure d'éducation physique. Elle a décidé malgré tout de continuer ses études ; pendant ce temps, elle reste la professeure de football expérimentée de Vidigal. Les petits changements auxquels elle raccroche ses victoires et celles de « ses filles » valent tous les combats.

À Vidigal, le travail est souvent récompensé sur le tard mais, quelquefois, il y a des gens avec lesquels cela vaut le coup ! Le football se joue aussi dans le temps additionnel. À seulement 23 ans, Tamires l'a compris depuis longtemps.

FRANCE
V.S.
BRÉSIL
boa tarde!
pronto para o futevolei ? *
SIM!
Rio de Janeiro, Brésil.
Nov. 2017.
Nous retrouvons Tamires Domingos et un ami à elle pour un match...
Échauffement...
noix de coco
euh..
* Sport brésilien qui combine foot et beach-volley.
Eeet c'est le début d'une finale historique sur la plage de presque Copa Cabana...
Mélina engage contre le Brésil...
Magnifiiiique tête de Tamires...
..Amorti de poitrine de Candice, qui passe à Mélina...
..Reprise d'Alex...
Aaaaïe aïe aïe, une mauvaise chute pour la France!...
...et le score final est de...
... et 1, et 2, et 3 bleus à zéro... la Classe !..

Tamires Domingos

« Et si l'on peut te prendre ce que tu possèdes,
qui peut te prendre ce que tu donnes ? »
Antoine de Saint-Exupéry

Poste numéro 11 de la plage de Leblon, plage mythique des quartiers dorés de Rio de Janeiro au Brésil. Nous avons rendez-vous avec Tamires, juste avant son entraînement de futevolei, un mix entre le football et le beach volley. Arrivée relax, sourire impeccable, look précis, avec une queue de cheval tressée sans le moindre cheveu qui dépasse. La jeune femme nous embrasse avec un « boa tarde » chantant. Quelques incompréhensions pendant les présentations, Tamires parle portugais, nous espagnol ; assez rapidement nous nous retrouvons dans les codes d'une langue inventée : « le portugnol ». Le « futchebol » peut commencer ! Elle se défoule avec concentration et engagement. En toile de fond, le soleil se couche derrière la favela de Vidigal, son lieu de naissance et de résidence. Tamires jongle aisément de bas en haut et de haut en bas ; des plages de l'océan aux hauteurs de sa colline. Elle y revient toujours. Avec nous cette fois. En sa présence, sillonner les rues de Vidigal est plus serein. La généreuse brésilienne, nous ouvre sa porte et nous présente sa mère, Josefa. Cette dernière s'émeut de l'intérêt que nous portons à sa protégée, et de l'espoir de la savoir reconnue pour ses actions. La rigueur et la volonté de Tamires font face à tous les remous ; elle ose même cumuler les missions tant sa soif, non de réussir mais de s'en sortir, la motive. Seule jeune femme de la favela à suivre des études à l'université, tous les matins, elle fait une heure de route, dès l'aube, pour aller suivre ses cours. Elle assure également le coaching et la gestion de son association « Play Life World » au sein de la communauté. Inépuisable, dans ses habits de coach, elle est la seule capitaine à bord. Les destins fragiles agissent comme une vague, qui régulièrement font remonter les déchets à la surface. Tamires, elle, a appris à balayer devant sa porte et sur le terrain de jeu des jeunes filles, afin d'entretenir l'idée d'un avenir meilleur. Sa mission d'éduquer le monde ne fait que commencer…

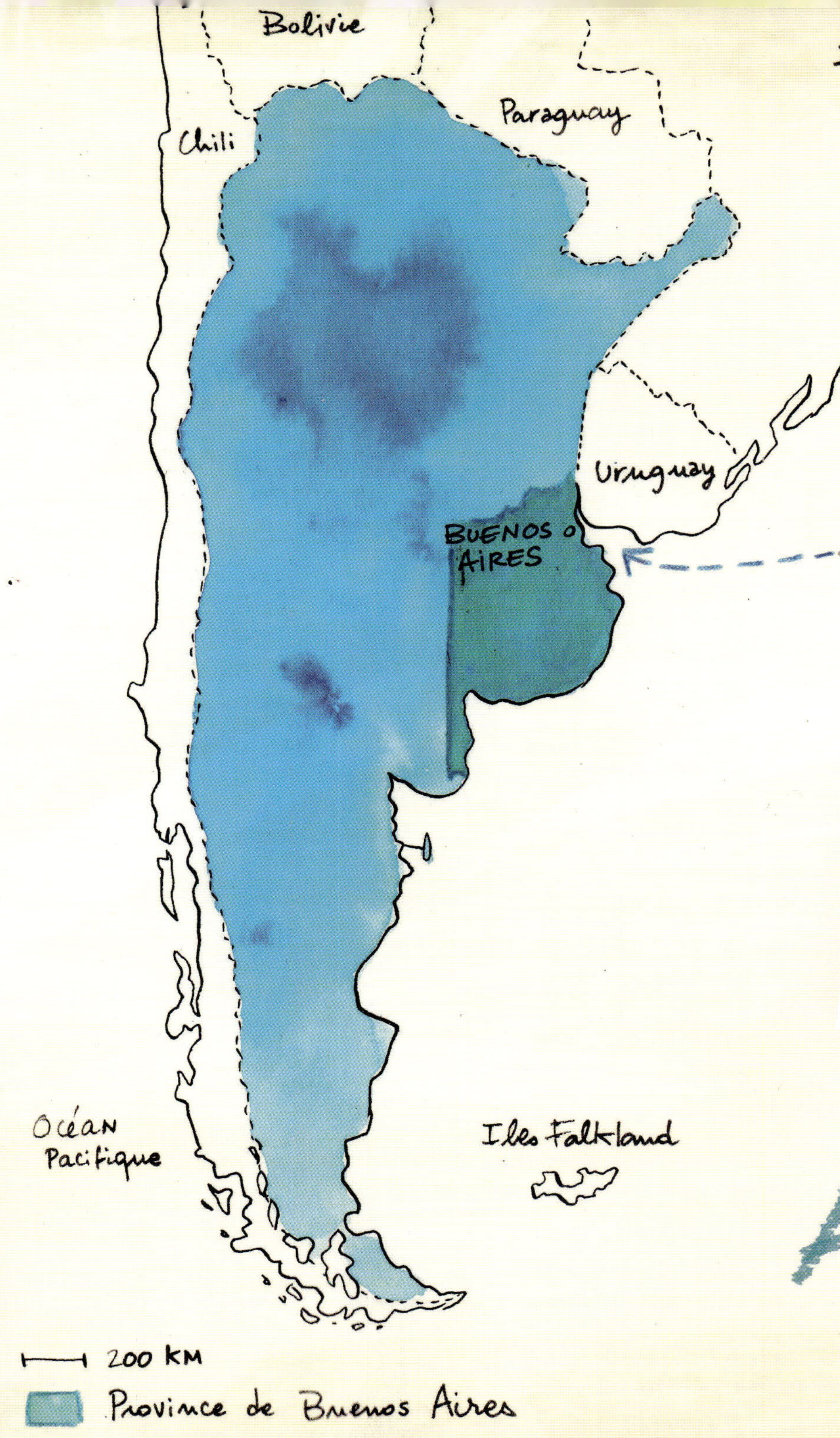
Bolivie
Brésil
Paraguay
Chili
Océan
Atlantique
Uruguay
BUENOS AIRES
Océan
Pacifique
Iles Falkland
200 KM
Province de Buenos Aires

TRUST
TRUST
TRUST

Argentine

Paseo de la Historieta

BUENOS AIRES

Vous connaissez Lionel Messi, Gonzalo Higuain, Sergio Agüero ou encore Diego Maradona. Mais êtes-vous capables de citer le nom d'une joueuse argentine ? Non. Nous non plus ! Enfin, jusqu'à ce que nous enquêtions à Buenos Aires.

Comment une nation aussi hégémonique et fan de ballon rond peut-elle être si discrète quand on évoque son football conjugué au féminin? Pourtant il existe fortement : il est militant, revendicateur et ouvertement féministe.

Argentina 13 NOV. 2017 ENTRADA

Argentina 27 NOV. 2017 SALIDA

TURISTA 90 DIAS

Dans notre série de tournages prévus en Amérique Latine, nous devions, au départ, retrouver en Colombie une équipe qualifiée pour la première fois pour la Copa Libertadores, la Coupe des clubs champions d'Amérique du Sud, puis la suivre jusqu'au Paraguay où se jouait l'édition 2017 de cette compétition. Finalement, la FIFA, organisatrice de l'évènement, a décidé d'en avancer les dates. Alors que nous étions au Canada, nous sommes tombées sur le live de la finale commentée sur les réseaux sociaux. Brigade anti-scoop, bonjour !

Ce contre-pied inopiné a généré pour nous un contretemps finalement propice. À défaut de la Copa Libertadores, nous avons décidé de nous rendre au pays où le football côtoie ferveur et fanatisme : l'Argentine. Si les dieux vivants du football « Albiceleste » n'ont pas de secret pour nous, notre culture de sa pratique féminine était extrêmement limitée pour ne pas dire proche du néant. Face à cette incohérence de taille, bien plus grande que Messi ou Maradona, nous voulions réagir : arrêter le déni latent et résoudre cette énigme.

Dans ce pays qui transpire le football, il y avait forcément un lot de passionnées du ballon rond et de cracks chargées d'œstrogènes. C'est sur un air très aigu et sceptique de Patrick Juvet, « Où sont les femmes ? », que nous avons débarqué à Buenos Aires, la ville de Mafalda, d'Eva Perón, et de… ?

Où sont les femmes ?

En Argentine, si le football « masculin » est politique, le football « féminin » est militant. La première fois que les socios de la capitale ont vu un match féminin, c'était en novembre 2017. Pour la petite histoire, ils venaient assister au bouillonnant derby entre leurs deux clubs voisins et ennemis jurés : le Racing et l'Independiente. Pour la première fois dans l'histoire du pays, un match amical historique avait été programmé en lever de rideau, opposant les équipes féminines respectives de ces mêmes clubs. Pour la première fois, les femmes ont joué dans le stade officiel réservé d'habitude aux hommes. Nous avons interrogé les socios ; beaucoup ont regardé, ou du moins, ont pu apercevoir les footballeuses, car ils sont arrivés très en avance au stade, pour déguster une bière fraîche et s'assurer d'une place de choix en tribunes avant le grand match, celui qui a des « cojones » ! Une anecdote qui fait sourire ? Non. Une preuve que l'histoire du peuple argentin et de ses footballeuses s'écrit sur un malentendu ou en tout cas, très certainement, dans l'ombre. Cette actualité nous fait repenser à nos débuts, quand nos dirigeants se battaient pour obtenir un terrain d'entraînement, quand quelques observateurs mesquins nous demandaient, en ricanant, si cela ne nous faisait pas mal de faire un amorti poitrine, et quand seul un microcosme très restreint comprenait que des femmes puissent jouer au foot sans que cela les « déféminise ».

L'Argentine est, pour sûr, le pays le plus machiste que nous ayons visité. Il est aussi celui où nous avons trouvé, dans les rangs des femmes, la plus grande force et conscience collective pour décider ensemble d'une nouvelle direction.

Nous sommes à Buenos Aires, à l'aveugle. « No contacto, no créneau. » Aucun nom d'une joueuse internationale en tête, pas le moindre lien avec une association locale qui soutiendrait un programme de football auprès des jeunes filles. Nous nous disons qu'au pire, nous irons voir un match dans l'antre du club de Boca Junior : la fameuse et bouillonnante Bombonera !

Optimistes, nous déroulons le fil des six degrés de séparation. Cette fameuse théorie qui dit, grosso modo, qu'entre nous et une joueuse argentine, il y a au maximum quatre personnes qui nous relient. Nous étions prêtes à établir cette chaîne de relations individuelles pour trouver l'homologue de Mascherano au féminin. Dans mon répertoire de contacts, le prénom de Lisa. Elle était ma collègue chez France Télévisions. En salle de montage, elle me parlait de l'Argentine où ses enfants et petits-enfants s'étaient installés. Candice, de son côté, s'est souvenue de l'une de ses coéquipières du PSG, Diane, partie faire le tour de l'Amérique latine, dont une virée en Argentine, juste avant notre passage.

Eurêka, les potes et/ou connaissances de nos amis et/ou collègues, sont peut-être des footballeuses et/ou, du moins, sont en relation avec des footballeuses… Jusque-là, l'équation n'était pas d'une logique évidente, mais la pratique nous a donné raison. Nous voilà, depuis la boulangerie française « Merci » d'Antoine, ancien reporter pour France 24, en relation WhatsApp avec Anaïs, une journaliste française, correspondante à Buenos Aires qui, durant ses loisirs, joue au football avec plusieurs coéquipières argentines. Elle n'est pas belle la vie ? Toujours depuis la boulangerie, devenue notre QG logistique et notre parade à l'hypoglycémie, nous échangeons avec Flore, une hockeyeuse sur gazon de Mendoza, dont l'amie joue au football dans un club de la banlieue de Buenos Aires, Belén Potassa. Retenez ce nom, elle jouera la Coupe du Monde 2019.

Entraînement à "La Nuestra" – Villa 31

S'emparer du terrain de jeu

Au gré des échanges et messages, notre situation se décante. Et c'est finalement autour d'un bon verre de vin que nous trouvons le chemin des terrains. Il est 23 heures, et pourtant il y a match ; Anaïs nous invite à soutenir ses copines. En supportrices, nous nous mêlons à une grande famille de footballeuses argentines. Luz et Anuka coachent chacune une équipe de cinq joueuses en plus de leurs nombreuses remplaçantes. Leur pratique du football est urbaine. Elles jouent sur des terrains synthétiques de street-park moyennant une participation financière. Elles organisent des tournois pour décupler leur motivation. La Coupe du Monde masculine 2014 au Brésil a eu des retentissements auprès de la gent féminine jusqu'en Argentine. Elle a été un point d'ancrage net au développement d'une pratique féminine de masse, de loisir et d'autogestion.

Match de foot 5 *vs* 5

Aujourd'hui, les joueuses paient et disposent du droit au terrain ; ainsi, elles jouent au même titre que les garçons. Ce soir-là, sur les terrains en enfilade, nous constatons une certaine parité dans la répartition. Elle aurait pu être trompeuse, mais c'était sans compter l'attitude d'un joueur du terrain limitrophe qui exigea, avec véhémence et sans aucun respect pour le match en cours, qu'une fille lui renvoie son ballon, qu'il venait de dégager d'un gros pointu hors de sa cible. Perso, je le lui aurais renvoyé dans le naseau, mais l'indifférence semblait plus appropriée.

La plupart des joueuses ont commencé sur le tard, il y a deux, trois voire quatre ans au maximum. Elles sont sorties fièrement de leur réserve, se sont montrées balle au pied et se sont emparées de l'espace de jeu. Leur première conquête s'est avérée spatiale. Pourtant elles ne demandaient pas la Lune !

Parmi elles, Luz est la seule à avoir vécu l'expérience du haut niveau, ou du moins l'univers d'un club pensionnaire de la primera división, l'équivalent de notre division 1 féminine. Une expérience qui a confirmé l'impasse dans laquelle est cantonnée la pratique féminine. L'inaction délibérée de la fédération argentine de football, ainsi que les conditions désastreuses dans lesquelles évoluent les jeunes femmes, font du football l'objet de toutes leurs concessions, au péril de leur épanouissement personnel.

Joueuse de UAI Urquiza, un club de première division, propriété d'une université de Buenos Aires, Belén Potassa se positionne chaque saison comme l'une des meilleures buteuses du championnat. Elle détient neuf titres de championne

d'Argentine. Elle est aussi l'attaquante vedette de l'équipe nationale. Autant de stats et d'honneurs qui cherchent encore de véritables récompenses… Et non des trophées, juste dorés, qui prennent beaucoup la poussière.
Elle joue au football par passion, s'entraîne avec détermination à un rythme professionnel, et gagne sa vie à reculons. Le club offre aux joueuses des emplois souvent sous-évalués au regard de leur formation ou de leurs compétences. Ainsi, Belén est réceptionniste à l'université, pendant que ses coéquipières font le ménage ou distribuent le courrier. Elles sont condamnées à abandonner leur vocation professionnelle si elles veulent jouer un football de haut niveau, car les seuls horaires aménagés pour assister aux entraînements sont ceux libérés grâce à ce mode de fonctionnement. Quand nous questionnons leur entraîneur sur les sacrifices que le football impose à ses joueuses, il nous oppose le sempiternel constat de passivité des sociétés, qui refoulent les femmes en dehors de toutes considérations : « Il faut du temps ». Il n'a effectivement pas le profil ni d'un homme d'action, ni de convictions. Avant l'entraînement, il donne un avertissement à son équipe : « Faites attention à ne pas abîmer la pelouse », l'équipe masculine du club – qui joue, elle, en deuxième division – s'était plainte la veille.

Consciente que l'Argentine est le pays d'Amérique latine le plus en retard sur le plan de la professionnalisation, Belén souhaiterait réussir à vivre du football. Mais pour l'instant, elle fait des économies pour payer ses déplacements avec la sélection. Pendant que Messi et compagnie s'envolent en jet pour tenter de se qualifier pour la Coupe du Monde en Russie, Belén et ses coéquipières se cotisent pour s'offrir un voyage en bus en Uruguay, dans le cadre de la préparation à la phase de qualification pour la Coupe du Monde 2019. Leur abnégation force l'admiration, mais les emplit de résignation. Le football mérite-t-il un tel don de soi s'il oblige à s'oublier ? Personne n'a jamais renoncé à soi pour gagner ou exister.

Faire porter sa voix

Dans cette mascarade d'illusions, deux options. S'inscrire, comme Belén, au début de l'histoire d'un football raillé et à la marge, mais tout de même au meilleur niveau de jeu, et tenter à chaque occasion de bousculer, provoquer l'institution bien assise dans ses principes conservateurs et rétrogrades, mais sourde quand il s'agit de tendre la main aux femmes. Il est clair que leur participation à la Coupe du Monde en France, en 2019, après douze ans d'absence, est l'une de ces très belles occasions…

Ou, comme Luz, faire porter sa voix ailleurs, sur le terrain associatif, et mettre son énergie directement au profit des générations futures : sa façon à elle de garder intact le plaisir vertueux du football et d'en faire un remarquable outil d'éducation.

Luz a fait le choix d'arrêter sa « carrière » pour s'impliquer au sein de l'association Carlos Mugica à la Villa 31, le bidonville de Buenos Aires. Elle y entraîne des joueuses qui n'ont que 4 ou 5 ans, et n'en revient d'ailleurs toujours pas. Pour elle, il était inimaginable jusque-là de voir ces « bébés footballeuses » investir joyeusement le terrain chaque semaine. Les maillots de Boca Juniors ou River Plate sur les épaules, selon le club de cœur de leurs papas, les petites courent derrière le ballon comme s'il ne fallait pas qu'il s'échappe trop loin, de peur de le perdre. En position, sur la butte qui jonche la bretelle d'autoroute au-dessus du terrain, les garçons du quartier attendent le moindre faux pas ou la moindre minute d'inattention pour se réapproprier leur champ de jeu, leur propriété tacite depuis plusieurs générations de virilité irréfutable. Mais Luz ne se laisse ni attendrir, ni intimider, elle connaît ces dérives par cœur, elle qui, durant son enfance, fuguait de chez elle pour aller taper le ballon avec les garçons de sa famille quand la gymnastique – option parentale – ne lui suffisait plus. Ces comportements masculins sont tellement enracinés, transmis et acquis, qu'il ne faut jamais baisser la garde.

Entraînement à Carlos Mugica – Villa 31

À quelques kilomètres de là, plus à l'est, nous retrouvons Monica Santino, une autre défenseure des droits fondamentaux des femmes, à la garde tout aussi solide et offensive. Monica Santino est, pour toutes, l'aînée car pionnière reconnue du football argentin. Elle a d'abord appris à compter jusqu'à onze grâce au football ; elle y a joué alors que c'était très mal vu pour une femme, juste avant la dictature, et même après, avec la section féminine du club des « All Boys » ; elle a arrêté pour militer en faveur de la cause LGBT, quand elle s'est sentie isolée en raison de son orientation sexuelle, puis y est revenue chargée de toutes ses expériences, convaincue du pouvoir intégrateur et unificateur de son sport. Grâce à son action et son charisme, elle est devenue une figure emblématique de la Villa 31. Elle nous accompagne en toute sérénité depuis la station de train « Retiro » à la « Cancha de Güemes ».

« La Cancha de Güemes », c'est le terrain de football historique du quartier. Entouré de murs, il est comme collé aux habitations ; seul un carré de rues étroites le détache du décor urbain et en permet l'accès. Ce terrain vague synthétique rassemble tous les regards voisins en son centre. Hostiles, au démarrage de l'histoire, ils assistent maintenant, avec habitude, à l'entraînement de jeunes filles au ballon, autour de Monica. Elle a mis plus de dix ans pour leur assurer des créneaux fixes de pratique. La première année, les hommes des alentours leur jetaient des pierres pour les chasser. C'était en 2007... Dorénavant, tous les mardis et jeudis soir, ainsi que les samedis matin, le terrain leur appartient et elles en font bon usage. Auprès de Monica, ces jeunes joueuses, de 6 à 18 ans, trouvent du réconfort, de l'écoute et du temps pour elles. Elles deviennent mères plus tardivement, alors que leur milieu social les prédestine généralement très rapidement au foyer.

Leur pratique du football est récente, mais le style de jeu intégré est celui de l'Argentine, audacieux, élégant et tourné vers l'avant. Avec «La Nuestra », l'association civile qu'elle a fondée, Monica a constitué, autour du football, un groupe plus qu'une équipe. Chacune, petites et grandes, footballeuses et éducatrices, y fait l'expérience de la collectivité et tisse un lien social nécessaire aux luttes qu'ensemble elles doivent mener. Le football concentre et commande leur révolution permanente. Elles ne s'y soustraient pas, elles lui cèdent juste la primauté de les fédérer, et provoquent ainsi, naturellement, l'ordre établi. Comme le précise Monica Santino, « quand elles jouent au football, les hommes se sentent menacés... ». Cette phrase questionne toute une société, une société qui patine, et justifie leurs engagements. Le football est aussi leur pouvoir, leur jeu acte leur révolution, et leur terrain déborde aussi sur la rue. Que ce soit Luz, Belén, Monica ou encore toutes les joueuses argentines qui pratiquent le football pour leur loisir, en club ou au sein d'associations, toutes, à leur façon, occupent l'espace, conscientes qu'il ne doit pas être cloisonné. Féministes sur la pelouse, militantes dans les rues, elles marchent, courent et taclent sur le terrain glissant des préjugés et des stéréotypes. Le ballon est, quant à lui, toujours au centre de tous les débats et combats vers plus d'égalité entre les femmes et les hommes.

VILLA
31
RIP CURL

ITW IMPOSSIBLE
Buenos Aires, Argentine, novembre 2017. Nous sommes à la "Marcha del Orgullo", équivalent de la Gay Pride, qui rassemble 200.000 personnes cette année.
NI UNA MENOS!*
EL MACHISMO MATA**
ORGULL
Nous avons rendez-vous avec Marta Dillon, qui est journaliste et activiste féministe. Mais... Où la trouver ??
* "Pas une de moins", mouvement créé en 2015 suite à une vague de féminicides dans le pays.
** "le machisme tue".
BASTA DE LGBTÍQFOBÍA*
FOOTBALL
* Stop à la LGBTQI-phobie
MUERTO AL HETERO CIS PATRIARCADO*
MARRÓN
SI ABORTO LEGAL
* mort au patriarcat-hétéro-cis
NO NOS RECONCILIAMOS
DEUDA
TERROR
Marta?
Aqui!
Princess feminist
The future is female
FOOTBALL
¡Hola! mucho gusto!
!!
!!
Princess feminist
FOOTBALL
3 heures plus tard...
Heu.. Bon.. Je crois qu'on peut reporter l'interview...
Marta

Monica Santino

« Deux siècles après la Déclaration des droits de l'homme, il faut encore lutter pour qu'elle s'applique à l'espèce humaine tout entière. »
Benoîte Groult

Un pendentif des Rolling Stones autour du cou, la coupe de cheveux d'un leader de groupe de Métal, et l'allure un peu apathique, Monica Santino, nous accueille à l'entrée du bidonville de la Villa 31. Ensemble, nous nous introduisons en douceur dans les ruelles en terre, remplies de personnes, d'animaux, de fils électriques, de détritus. Elle est notre caution pour entrer sur le terrain de football en synthétique, en plein cœur de cette Villa aux allures de favela. Là-bas, on l'appelle : « la Vicha trenta y uno ».
Nos yeux se posent partout.
Créée en 2007, notre rock star gère son association "La Nuestra" à la façon Guy Roux ! Figure familière, protectrice et maternelle, elle a toutes les clés du lieu.
Après un arrêt au local de matériel où un poster du « Che » veille sur les ballons, nous prenons la direction du terrain. Hasta la victoria siempre !
Depuis plus de dix ans, Monica Santino et sa bande de poings levés ont réussi à réserver un créneau horaire pour les filles sur le seul terrain de jeu de la Villa 31, et luttent pour le préserver. Mission numéro une : occuper l'espace traditionnellement pris par les garçons. Elle veille à ce que le ballon roule dans les pieds des filles, et actionne les bras telle une cheffe d'orchestre, pour déloger les garçons intrépides du terrain. Monica Santino, ex-internationale Argentine, a emprunté le chemin du militantisme pour répondre à une absence totale ou quasi totale d'investissement de l'AFA, la Fédération Argentine de Football, envers la pratique féminine. Son souhait, à terme, est d'inscrire son association comme club officiellement affilié, afin d'enraciner et d'institutionnaliser son action, selon ses propres règles. En attendant, sa voix est douce, et récite un rituel rassurant qui fait venir et courir les jeunes filles de 6 à 18 ans, deux fois par semaine. Ses protégées l'entourent et picorent une dose d'amour maternel, apaisées par une caresse dans le dos ou un mot personnel. Occuper le terrain puis éduquer et former ces footballeuses amène naturellement Monica Santino à imaginer une communauté croissante de femmes engagées, prêtes à relever le défi de la vie au pays de Messi.

Pérou

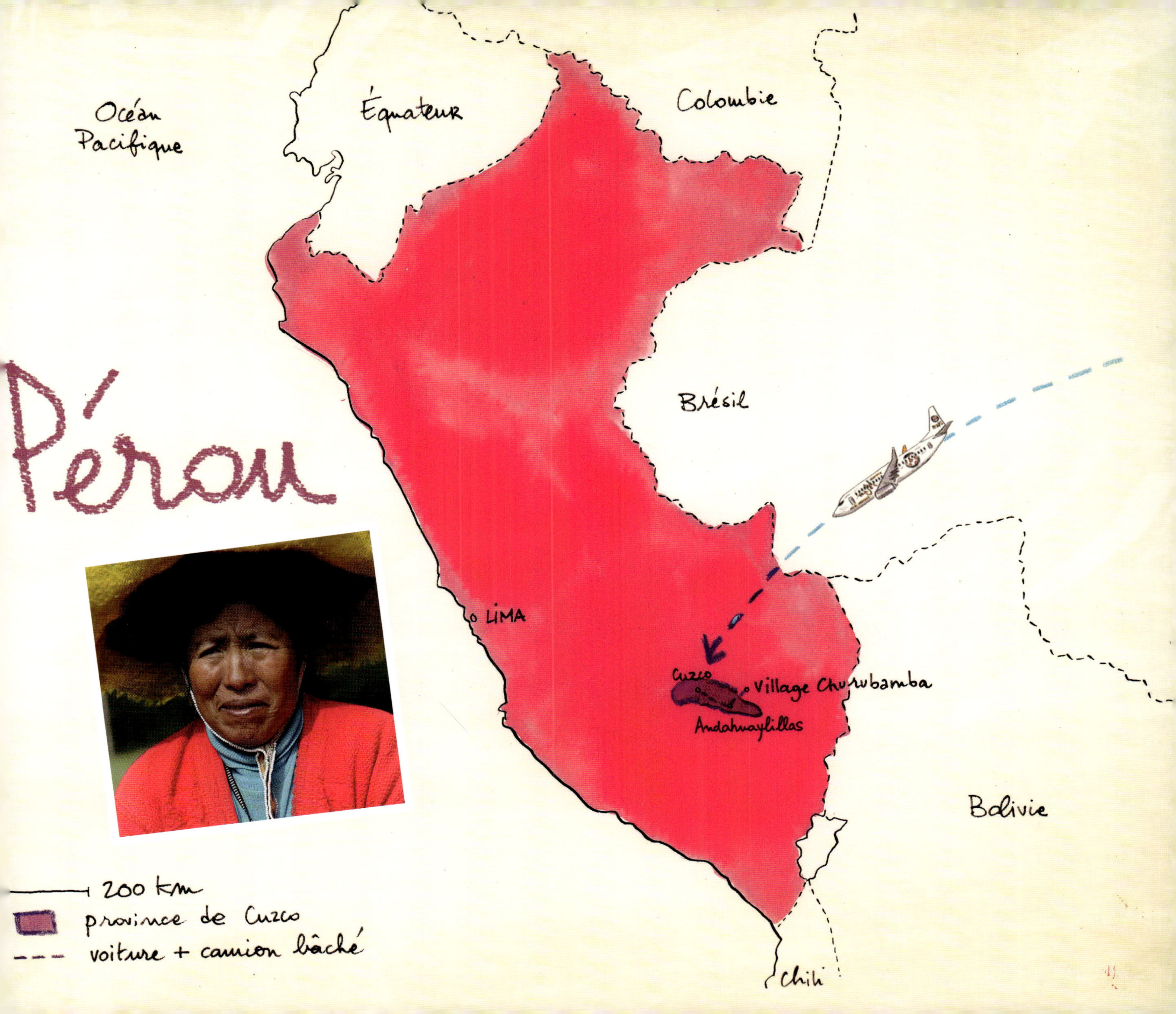
Océan Pacifique
Équateur
Colombie
Brésil
LIMA
Cuzco
Village Churubamba
Andahuaylillas
Bolivie
Chili
200 km
province de Cuzco
voiture + camion bâché

Machu Picchu
ANDES PÉRUVIENNES

À la ville comme aux champs, les femmes de la communauté de Churubamba, un petit village péruvien, sont des ouvrières acharnées. Le football devient, ainsi, presque un luxe. Taper dans le ballon, un exutoire qui se mérite. À plus de 3 850 mètres d'altitude, le football a un prix et, hélas, le travail n'attend pas… Au cœur des Andes, la tête au jeu ?

Être au four, au moulin et sur le terrain

Mars 2014, c'est peut-être à ce moment-là qu'est né le projet « Little Miss Soccer ». Un documentaire sur la pratique féminine du football dans les Andes (« futbolito andino »), diffusé sur Arte, a semé dans nos têtes la première graine : à la recherche d'un football authentique, un football joué par des femmes qui ne nous ressemblaient pas en apparence, mais qui, comme nous, se moquaient des conventions. Nous ressentions, après notre « carrière », le besoin de retrouver le football de notre enfance. Raviver ce qui en fait l'essence : une pratique collective, qui ne peut se passer du ballon, et tout ça pour le plaisir ! Tenter aussi de vivre l'expérience de son universalité avec nos pairs du bout du monde… Parmi elles, les Péruviennes de la communauté de Churubamba, ici sur nos écrans de télévisions, se devaient de faire partie de notre histoire commune, une histoire à écrire. Une histoire de voyage et de ballon en forme de globe terrestre, visa de nos rencontres à venir. Leur ballet de jupes colorées, leurs magnifiques sourires affichés à chaque coup de pied donné au ballon ou à côté, et leurs courses effrénées dans les pentes des Andes ont titillé notre côté « aventurière ». Leur force de caractère et leur envie de vivre ont forgé notre respect en moins d'une heure. Le documentaire ne durait que 43 minutes.

Elles semblaient être animées d'une innocence pétillante, en total contraste avec la gravité d'un quotidien laborieux. Elles étaient décrites comme des agricultrices forcenées, mais aussi des femmes au foyer très présentes auprès de leurs enfants et, enfin, comme des footballeuses. Rien que ça ! Cela a soulevé, chez nous, beaucoup d'interrogations. Comment faisaient-elles pour jouer sur les trois tableaux, être au four, au moulin et sur le terrain ? Et comment étaient-elles perçues au sein de leur logis : comme des femmes actives, des mères, des sportives ou seulement, mais entièrement, comme des femmes ?

Match en haute altitude

Autour de cette rencontre s'offrait également à nous un grand défi, un tableau rêvé : jouer le plus beau match de notre vie à presque 4 000 mètres d'altitude, au milieu de la cordillère des Andes. Trop stylé, pas vrai ?

C'était loin d'être gagné. La télé ne nous avait pas tout dit. Nous n'avions pas les coordonnées GPS latitude-longitude, de ce village du Pérou. Nous savions seulement que c'était dans les alentours de Cusco, ancienne capitale de l'Empire Inca. En tapant « Churubamba » sur Google Map, nous nous sommes d'abord dirigées sur une mauvaise piste, cela nous orientait très au nord de Lima. Rien à voir avec notre Schmilblick !

Après plusieurs heures de curieuses fouilles, le blog d'un vieux photographe baroudeur nous permet de dégager la ville d'Andahuaylillas comme localisation assez certaine. Suffisamment pour engager désormais des recherches sur place. Nous voilà à Cusco pour une grosse semaine ! Une semaine qui va s'avérer rythmée et finalement très courte…

Futbolito dans les Andes

Bonjour Churubamba, ici Cusco !

À notre arrivée, nous essayons d'obtenir des réponses auprès du taxi qui nous emmène de l'aéroport à notre hôtel. « Des femmes qui jouent au football en tenue traditionnelle dans les environs de Cusco ? » « Oui, il y en a, mais je ne connais pas Churubamba. Vous savez que le Pérou va affronter la France en Coupe du Monde ! » Au moment de notre voyage, le Pérou venait de se qualifier pour la Coupe du Monde en Russie, ce qui n'était plus arrivé depuis 36 ans, et le tirage l'avait placé dans le groupe de la France. Nous n'avions pas encore d'infos précises sur nos cholitas (ainsi sont appelées les femmes autochtones de Bolivie et du Pérou), amatrices de ballon rond, mais nous avions un sujet de discussion tout trouvé. L'union du football était décrétée.

Après une bonne nuit de repos et un brief sommaire, nous prenons un Uber pour Andahuaylillas, à 40 minutes de route. Anachronisme spatial ! Un panneau d'indications très clair nous fait identifier les principaux lieux de la ville : elle se résume à la mairie, le poste de police et l'église. La mairie semble un bon point de départ informatif, mais pas de chance, la religion a posé un jour férié.
La mairie est fermée mais un gardien veille. Il est la seule âme qui vive à un kilomètre à la ronde, nous croisons les doigts. « Oui, il y a des femmes qui jouent au foot de l'autre côté de la grande route, en bas du village ». Nous sentons que nous approchons du chaud.

Cinq nouveaux habitants interrogés plus tard, la route et le chemin de fer traversés, nous tapons à la tôle d'une maison, où apparemment se trouve une footballeuse. Elle est réservée et, surtout, ne comprend rien à ce que nous lui racontons. Non, le quechua n'est pas une marque, c'est d'abord une langue, la langue autochtone la plus répandue au Pérou, parlée par plus de 10 % de la population, soit trois millions de personnes dont nos « Churubamba ». Elle revient avec son fils. La nouvelle génération de la communauté apprend l'espagnol à l'école. Cristiante nous présente sa maman, Hilaria, et nous confirme que nous avons trouvé le village de Churubamba. Il nous invite à parler avec un représentant de la communauté. Si nous souhaitons jouer au foot avec sa mère et ses copines, il semblerait que nous ayons besoin de l'aval de la direction.

Des footballeuses tisseuses

Nous voilà chez Luciana, elle semble être importante, en tout cas, elle dégage une autorité naturelle. Avec son mari et une voisine, ils ont tendu, sur un pieu, de grandes et longues pelotes de laine qui traversent le jardin. Tous tissent, à la main, avec une dextérité incroyable, de jolis sacs en bandoulière, et continuent de travailler, sans s'octroyer de répit, même en notre présence. Son mari, Cecilio, parle espagnol. Nous lui expliquons que nous aimerions jouer un match avec les femmes de sa communauté. Il leur fait la traduction sans épiloguer. Aucune ne semble vraiment surprise de notre demande, mais aucune ne réagit vraiment à notre proposition. Sa femme, Luciana, n'est que la trésorière, nous devons gérer cette affaire avec le président. Nous passons l'après-midi avec eux, essayant de comprendre les ficelles de ce qui s'apparente à une organisation secrète dont l'ambiguïté est le football !

Au bout de quelque temps, il nous demande ce que nous ferons pour la communauté, et nous explique que chaque match de football avec les femmes du village est monnayé. Le président en définira le montant, mais il n'y aura pas de football si nous ne payons pas. En attendant de prendre rendez-vous avec lui, nous essayons d'en savoir plus sur l'identité de ces joueuses, maintenant mystérieuses, alors que nous avions la sensation de les connaître depuis toujours, suite au reportage.
Elles viennent du village de Churubamba – celui qui n'est pas répertorié sur Google Map, et dont le cadastre n'est pas défini – dans lequel vit une communauté de près de cinq cents habitants. Sa limite au nord est le sommet d'une montagne andine ; au sud, il s'arrête à la grande route.

Une moitié de la population est installée en haut, comme ils disent, et vit de l'agriculture, l'autre moitié habite en bas, dans la ville proche d'Andahuaylillas, et subvient à ses besoins grâce au commerce de son tissage, un savoir-faire ancestral, reconnu dans toute la région de Cusco. Les conditions de vie y sont meilleures, et les enfants peuvent aller à l'école de la ville.

Le football a un prix

Nous avons rendez-vous le lendemain, à 7 heures, avec le vice-président qui, finalement, s'avère être une vice-présidente ; elle est progressiste cette communauté. Fortunara nous annonce les prix : l'accès à la communauté coûte 1 000 soles, puis chaque joueuse devra ensuite être payée 30 soles, elles sont cinquante annoncées. Au total, le montant avoisine les 700 euros. La télé ne nous avait pas tout dit ! Cela heurte un peu nos convictions, c'est la première fois que nous devons payer pour jouer au foot pour le loisir. Nous qui nous sommes éloignées du foot business et de ses dérives, nous voilà, au beau milieu des Andes, à négocier une partie de plaisir. Voilà que nous nous demandons également si elles en prennent vraiment ? Nous étions restées sur l'idée, après le documentaire, qu'elles étaient des passionnées, engagées dans une pratique quotidienne du ballon rond. Ce n'était pas le cas et pour cause... Après les avoir suivies dans leur « journée type », car pour elles toutes les journées se ressemblent, nous avons très vite constaté que le travail ne leur concédait aucune pause. Que laisser filer une journée d'activité leur causait des pertes et des tracas que nous ne pouvions pas imaginer. Ici, pas de RTT, pas de congés payés, et même pas de week-ends. Juste la sueur de la survie, l'effort de la priorité, la carotte à l'éducation des enfants. Dans ce contexte d'extrême pauvreté, le football ne pouvait être en réalité qu'une frivolité. Elles y jouent quand elles peuvent, et ne le peuvent que quand elles sont payées. Les 30 soles (environ 8 euros) exigés comme rémunération pour chacune des joueuses n'est en fait qu'une compensation de leur salaire journalier ; ce qu'elles gagnent en bêchant les champs ou en bûchant sur le tissu. De notre côté, Il n'était pas question que l'argent nous arrête, nous voulions jouer avec elles, leur offrir ce moment de « lâcher-prise », même si c'était une somme. D'ailleurs, payer ne devrait servir qu'à cela : se donner un élan ensemble, s'accorder un moment de liberté en rupture avec tout ce qui nous aliène.

Le jour suivant, nous rencontrons enfin le président, qui s'avère cette fois être le « Señor Presidente de la communauté de Churubamba ». Un organigramme finalement plus paritaire. Un vent de solennité envahit le jardin de Luciana. Autour du président, paré d'un

poncho multicolore, se tiennent toutes les footballeuses d'en bas, en « palleras », leurs jupes traditionnelles. Le discours du président, en langue quechua, traduit une invitation à l'ouverture sur le monde, à l'accueil de personnes étrangères à la communauté, au tourisme finalement.
Nous ne comprenons pas, mais l'écoute est attentive. Il nous explique aussi que l'ensemble de la communauté va bénéficier de la somme de 1 000 soles (soit 270 euros) que nous versons à la trésorière, Luciana. Elle a les clés de la tirelire et la rigueur d'une comptable ! Avec cet argent, ils œuvrent pour leurs maisons, leurs routes et les besoins quotidiens de la collectivité. Ce sentiment d'appartenance ne permet aucun rapport de domination, y compris des hommes à l'égard des femmes. Bien que ce soit elles qui accomplissent, souvent ensemble dans un mélange de générations, les corvées domestiques en plus de leur activité rémunérée, il semblerait que les décisions passent aussi par elles, et que leurs avis soient entendus et attendus.

Le lendemain, nous le sommes aussi, presque à l'aube, à 7 heures du matin. Nous sommes chargées d'apporter les boissons et le pain, elles s'occupent de la préparation du repas. Un camion à ciel ouvert, remuant, sur une route juste « empruntable », nous fait grimper avec les joueuses d'en bas jusqu'en haut, à plus de 3 850 mètres d'altitude. Le football, cet ascenseur social ! Près d'une heure de trajet pour nous féliciter de ne pas avoir pris de petit déjeuner. La vue est verdoyante et plongeante. Des montagnes de montagnes nourrissent le ciel d'arbres et de rizières. Chaque virage est un émerveillement. Au milieu, tout en haut, quelques maisons de pierre et de terre, puis un rectangle vert, luisant d'herbe, comme posé là depuis des millénaires : le terrain. L'herbe est broutée juste comme il faut. Les cages en bois sont positionnées de part et d'autre, respectivement à flanc de colline et devant une colonie d'arbustes pour stopper les ballons en cas de but ou de dévissé. Après tirage au sort, je jouerai avec l'équipe verte, et Candice sera alignée avec l'équipe des roses. Les maillots sont des gilets en alpaga à boutons, les shorts n'ont qu'une sortie et mille broderies, et les chaussures n'ont pas besoin de crampons, juste d'un coup de pied affûté. L'arbitre, un jeune garçon embauché à la journée, donne le coup d'envoi. Il n'a pas de sifflet, juste de l'admiration. Il n'arrête le jeu que lorsque le ballon dévale la pente au lieu de se trouver un but. Le ballon a le même pouvoir d'attraction qu'un aimant, elles sont déterminées à lui balancer de grands coups de savates. Qu'il vole, qu'il roule ou qu'il cogne, elles se laissent surprendre par ses trajectoires parfois insolites et rient, rient, rient au point que les échos de leurs voix dévalent aussi la vallée.

Après quelques minutes de jeu, et quelques déboulés balle au pied, devant des supporters qui beuglent, meulent et se « lamatent » plutôt que de se lamenter, nous étions exténuées. Coca pour oxygène, Inca Cola (le coca à la camomille) pour rafraîchissement, et comme décrassage : le spectacle de leur enthousiasme débordant…
Ce match et ces rencontres resteront gravés dans notre mémoire.

Dans les Andes, le gendarme du football – appelé DNCG (Direction nationale du contrôle de gestion) – n'existe pas, c'est impossible à traduire en quechua. Les montants des transferts, les trajets aller-retour en camion jusqu'au terrain, et les salaires ne flambent pas, ils dédommagent et se payent en soles : la monnaie qui met du soleil dans les cœurs et de la bougeotte dans les jambes.

Comme elles n'ont ni agent ni argent, en guise de contrepartie du temps perdu à jouer plutôt qu'à travailler, ou plutôt du temps gagné à vivre au lieu de résister, le football se teinte de plaisir.

La prime de jeu versée à chacune déjoue l'idée d'une existence passée à s'arracher les mains, alors qu'elles ne demandent qu'à libérer leurs pieds. Même si chaque mi-temps a fait ressortir les pelotes de laine et les obligations : démêler pour s'avancer dans le travail du lendemain, le temps d'une journée, le football leur a assuré un salaire minimal sans souffrance ni fatalité.

Et nous, nous avons vécu un moment de vie magique. Cette valse enjouée de femmes quechuas a fait pâlir le Machu Picchu. Pour nous, s'il y a une merveille du monde moderne au Pérou, elle est vivante, authentique, vertueuse et se trouve, sans aucun doute, à Churubamba.

PÉROU
PICCHU
Mars 2014. Je regarde le documentaire "Footballeuses des Andes" sur Arte.
Tourné en 2006 au Pérou, à Andahuillas (40 km de Cuzco) il présente des femmes de la communauté Churubamba, tisseuses ancestrales.. Et footballeuses ! Ce visionnage plante en nous la première graine du projet Little Miss Soccer...
C'est une révélation. Je veux rencontrer ces femmes !!
Décembre 2017. Nous rencontrons enfin la communauté Churubamba ...
modem 56k !
TV PERU
... nous ne pourrons pas résister au plaisir de regarder le docu ensemble, 11 ans après son tournage !
Plus tard...
Beaucoup plus tard, en 2019...
WAAAAH !!
Little Miss Soccer
Miss SOCCER

Luciana Flores Lopes

« Les femmes font marcher les hommes et le commerce. »
Albert Willemetz

La porte de la maison en tôle s'ouvre. Une femme, petite, un peu ronde nous sourit et nous invite à rentrer. La soixantaine, habillée avec un gilet de laine orange, coiffée d'une raie au milieu et deux longues nattes calées depuis les oreilles jusqu'au bas du dos, Luciana, nous précède et nous confirme qu'elle joue bien au foot, avec un ton teinté d'une ironique évidence.
On ne voit pas beaucoup de footballeuses de son profil par chez nous.
Aussitôt entrées, Luciana se réinstalle à son poste de travail, dans le jardin aux côtés de son mari Cecilio. Ils tissent plus qu'ils ne nous parlent… Pas de temps à perdre, il faut rythmer et optimiser le rendement. Luciana est trésorière élue de la communauté de Churubamba. Demain, elle et ses amies doivent livrer une commande importante de sacs tissés main, à la municipalité d'Andahuaylillas.
À la mairie, Luciana veille au grain, et compte par-dessus l'épaule du personnel administratif pour s'assurer qu'il n'y a pas d'erreur. Elle a compté et recompté les sacs en amont. Elle sait qu'il y en a deux cent soixante-trois au total. La responsable du programme social de la mairie nous indique un prix unitaire de 40 soles ; sans attendre, Luciana rétorque « non, 60 soles ! », le prix pour les touristes, au cas où nous voudrions en acheter un. Maligne et businesswoman, Luciana fait marcher le commerce pour mieux aider sa communauté. Elle non plus ne rencontre pas beaucoup d'étrangères de notre profil chez elle.
L'experte-comptable a rempli sa mission, mais a déjà en tête la prochaine production, et ne cesse de tisser, même en mouvement. C'est un peu comme pour nous, avec nos portables greffés à la main.
Quelques coups de fils plus tard, c'est le moment de grâce, celui qui met le temps sur pause. Sur le haut plateau, à 3850 mètres près du ciel dans les montagnes, Luciana est obligée de se séparer de sa toupie de bois de couturière, pour faire tourner le ballon. Installée dans les buts, elle est le dernier rempart de sa communauté sur le terrain, comme un symbole de son action globale. J'entends encore son rire raisonner dans la vallée, témoin du simple bonheur de jouer sans compter.

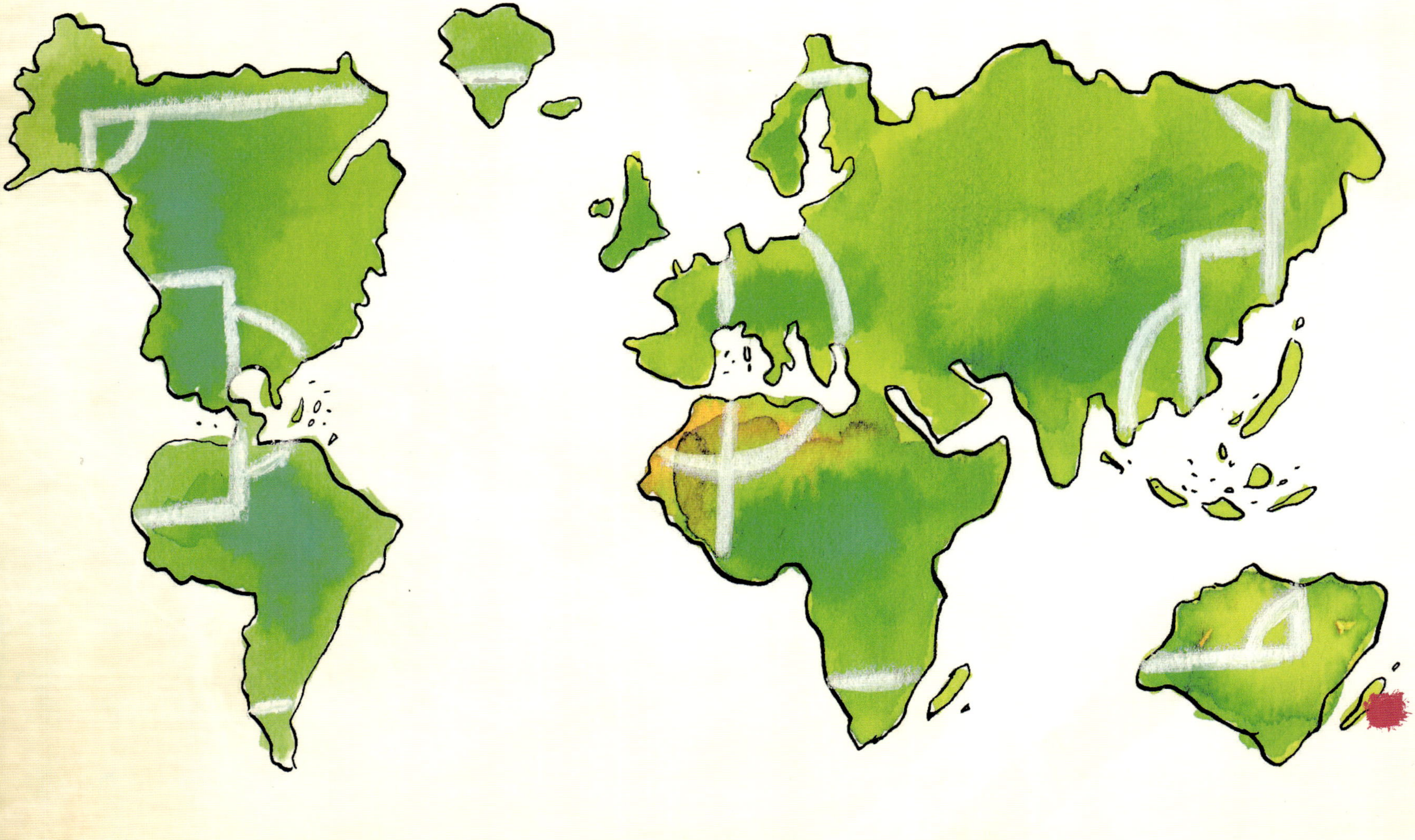

Nouvelle Zélande

Mont Cook
ÎLE DU SUD

Sur cette terre de rugby, le football a trouvé son envol avec les Football Ferns, les joueuses de l'équipe nationale. Absente du deuxième tour de la Coupe du Monde, en quatre participations, la Nouvelle-Zélande est désormais à un tournant : un nouveau plan de développement axé sur la mixité et le professionnalisme est en route. Comment cette mixité est-elle rendue possible, et en quoi est-elle constructive pour replacer cette île du bout du monde au centre de la « Planète foot » ?

Jouer des coudes pour bousculer les codes

Nous nous souvenons de nos parties de « chou-fleur » dans la cour de récréation, pour constituer des équipes qu'il fallait à tout prix équilibrer. C'était la garantie de la beauté du jeu et de l'esprit sportif, enfin… surtout une excuse toute trouvée pour les mauvais perdants. Les filles n'étaient pas de ces compos, enfin… pas nous, nos copines. En général, par habitude, elles restaient dans des petits recoins de la cour pour discuter au calme, ou s'adonner à des jeux de rôles pendant que les garçons profitaient du grand espace central, et occupaient le terrain de sport.

Avec Candice, dans notre enfance, nous étions le cas à part de la récré, le « garçon manqué » ou « la copine copain » selon les affinités. Bref, la fille qui ne manquait pas une occasion de jouer des coudes, et de bousculer leurs codes : notre place dans l'équipe ne pouvait pas se discuter et, finalement, au retour des vacances de Noël, nous avions fait nos preuves et n'étions plus choisies en dernier au « chou-fleur ». Les prémices de notre conscience féministe ont certainement émergé à ce moment-là, mais nous étions encore loin de la revendiquer avec mordant et conviction.

Auckland

Un sport pour tous et toutes

Depuis, nous avons fait du chemin. La Nouvelle-Zélande est quand même à plus de 19 000 kilomètres de la France. Sur cette terre, entre pères et mères, le football est considéré comme un sport pour tous et toutes ; avant d'être une bagarre de pénis, les jambes qui font courir le ballon peuvent être imberbes, la pelouse n'est pas interdite aux filles pour la simple, unique et bonne raison que les matchs se jouent sur synthétique et sans différence aucune ; chaque tête, même dure, perd des neurones lorsqu'elle cogne le cuir, c'est scientifiquement prouvé. Comme quoi, la science ne donne pas toujours raison aux hommes en matière de sport. Et le ballon ne fait pas de discrimination : le genre, il s'en moque ! Tu veux frapper dedans, prends tes pieds et joue.

Rappelons ce qu'est l'essence des sports collectifs : de l'équité des forces en opposition au coup d'envoi doit résulter une inégalité du résultat au coup de sifflet final. Entre les deux, c'est une question de coups d'éclat souvent, de coups de chance parfois. L'important n'est donc pas d'être fille ou garçon, mais plutôt qu'un match commence toujours sur un 0-0 au tableau d'affichage.

À partir de là, une mixité naturelle s'impose, sans règle castratrice. Sont bannis les avenants machistes au règlement du type : « le but des filles compte double » ou « les garçons ne peuvent marquer que de la tête ». Enfin, pourquoi les inciter à perdre plus de neurones ?

Quand l'égalité s'affirme, l'égalisation ne se joue que sur le terrain ; souvent les filles prennent l'avantage en esquivant le duel pour s'assurer de le gagner. Apanage des plus grands tacticiens, cette stratégie donne corps à une mixité qui favorise l'épanouissement et la performance de tous et toutes. La Nouvelle-Zélande devient alors un champ d'action à suivre. Garçons et filles peuvent ainsi naître et grandir ensemble dans un chou-fleur.

Entraînement des Future Ferns

Des footballeuses au pays du rugby

La Nouvelle-Zélande… Autant nous étions sûres d'y trouver du rugby à tous les coins de prés, autant y dénicher des équipes de football méritait un minimum de recherches et de calage éditorial. Nous ne pouvions pas nous envoler dans l'un des pays les plus éloignés de la France, sans la certitude d'y rencontrer des habituées du ballon rond. Au moins, nous étions sûres que l'île comptait une sélection nationale, surnommée les Football Ferns.

À notre arrivée, nos sacs à dos ne défilent pas sur le tapis roulant de l'aéroport d'Auckland, mais nous n'avons pas tout perdu. Un mail d'Ali Riley, la capitaine des Ferns, que nous avions croisée à Malmö en Suède, dans son club du FC Rosengard - elle y a joué avec une certaine Marta - nous indique l'adresse mail d'un blogueur super-fan de foot : « il connaît tout sur tout, sur notre équipe et sur la pratique féminine du football néo-zélandais », précise-t-elle. Et en plus, il a le sens de la formule. À notre demande, Jeremy Ruane, devenu le fixeur kiwi made in Little Miss Soccer, a répondu avec un teasing pour le moins alléchant : «J'ai un super-deal pour vous ! Aimeriez-vous voir l'histoire de certaines femmes se dérouler sous vos yeux pendant votre séjour en Nouvelle-Zélande ?»

Et comment ! Nous voilà en route vers le sud d'Auckland, dans le district de Papakura. Le Mc Lennan Park s'apprête à recevoir un match inédit. La sélection maorie de Nouvelle-Zélande affronte la sélection aborigène australienne, pour la première fois de leur histoire. Une rencontre traversant la mer de Tasman où le ballon place cultures et traditions au centre, et apporte reconnaissance aux populations autochtones, notamment à leurs femmes.

En ce samedi ensoleillé, ce match amical a suscité l'intérêt de nombreux badauds. L'atmosphère s'est chargée d'une intensité particulière avant le coup d'envoi au moment du haka maori et d'un Corroboree dansé et chimérique, dans le camp australien ; ces rituels que nous ne voyons qu'au rugby, car lors des compétitions officielles de football, le protocole d'avant-match n'inclut pas, hélas, le temps nécessaire à leur réalisation. Ah, le fameux football spectacle !

Alors que les joueuses alignées manquent de pratique, que leur envie débordante ne peut complètement masquer, les Maories se démarquent avec, dans leurs rangs, quelques jeunes joueuses d'expérience très rapidement en vue. En pointe et toujours en mouvement, Sammi aka Samantha Tawharu de son nom complet, et à la baguette, au milieu de terrain, Grace Jale ; toutes les deux semblent à l'aise. La puissance maorie s'exprime et finit par se compter sur les doigts d'une main : elles l'emportent sur le score de 5 à 0.

Nous ne pouvons nous empêcher d'aller les interviewer. Elles n'ont que 19 ans, mais nous confirment que ce n'est bien évidemment pas leur premier match de football. Elles sont fières de pouvoir défendre leurs origines, et répondent à toutes les convocations de la sélection maorie, mais par ailleurs appartiennent à la « Future Ferns Squad », une équipe ultra-compétitive, sous l'égide de la fédération néo-zélandaise de football (NZ Football). Elles nous invitent à venir les rencontrer à l'entraînement. J'avoue que cette équipe nous intrigue, car elle ne joue que contre des garçons. Nous décidons aussitôt de contacter Gareth Turnbull, l'entraîneur de ces jeunes joueuses prometteuses, dont l'avenir se construit avec le football, et sur lequel la fédération semble beaucoup miser.

PASIFIKA

Les Ferns, reines d'Océanie

Ce dernier est aussi à l'origine de la création de ce groupe, en tant que responsable du nouveau programme national de développement des Ferns (l'équipe nationale) et manager des Future Ferns. Pour assouvir notre curiosité, il nous rappelle une réalité dont découle la gestion de la pratique féminine du football. Cette réalité est d'abord démographique et géographique car, au fond, cette terre assise au milieu du Pacifique affiche des chiffres qui donnent le tournis. Trente millions de moutons, moins de cinq millions d'habitants et cent cinquante mille joueurs de football, plus que n'en compte la fédération de rugby. Parmi eux, environ cinquante mille sont des licenciées dont la réalité devient alors un véritable défi sportif, un casse-tête compétitif.

L'équipe nationale féminine néo-zélandaise s'affirme comme la représentante incontestable du football océanien. Lors des phases de qualification pour la Coupe du Monde en France, elle a remporté, pour la quatrième fois consécutive, le titre continental. Cependant, l'opposition proposée en zone Océanie n'est pas suffisante pour progresser, surtout depuis que l'Australie, en 2006, a été intégrée à la confédération asiatique de football. Son isolement vis-à-vis du reste du monde rend difficile et coûteuse l'organisation de matchs amicaux face à des challengers de taille. Ainsi, lors des compétitions internationales, l'équipe kiwi n'est rien d'autre qu'une figurante ; jamais, elle n'a franchi le cap de la phase de groupes d'un mondial. En France, cela devient l'objectif numéro un. Hégémonique sur ses bases, inoffensive une fois mêlée aux autres nations, la Nouvelle-Zélande veut désormais pouvoir rivaliser avec n'importe quel adversaire, et se donner la chance de s'inviter dans la course aux titres. À l'issue des Jeux de Rio, durant lesquels les Ferns ne sont, une fois encore, pas sorties des poules, de grandes réformes ont été actées.

Entraînement des Future Ferns

Face au déficit du niveau de jeu de leur championnat, une ligue nationale structurellement conçue sur le modèle d'un football amateur, et représentée non par des clubs mais par des fédérations locales, la priorité affichée et assumée se tourne d'abord vers l'excellence. Le programme est élitiste et se concentre sur les Future Ferns, un effectif composé des vingt-quatre meilleures joueuses de l'île, mises dans des conditions de pratique optimales. Elles ont entre 16 et 26 ans, et sont repérées au sein du championnat national ou lors de journées de détection au sein d'un centre national de talents.

Gareth Turnbull, leur coach mais aussi sélectionneur de l'équipe nationale des moins de 20 ans, esquisse un sourire, mais explique ne plus cautionner que ses protégées gagnent toute l'année leurs matchs sur des scores fleuves, dans des ligues régionales, pour se retrouver soudain en compétition à défendre les couleurs de leur pays face aux États-Unis ou à la France. Son action auprès des pépites a pour but de réduire cet écart de préparation et d'expertise, et ainsi leur éviter la surprise et la désillusion du résultat lors de ces matchs à enjeu.

Un terrain prometteur

Le renouveau se joue dans la ban ieue nord d'Auckland, sur un terrain attenant au siège de la NZ Football. Nous y retrouvons Sammi et Grace, sous la houlette de Gareth et de son staff technique composé d'une coach adjointe, d'un préparateur physique, et d'un entraîneur des gardiennes. Les jeunes maories ont changé de statut. À l'entraînement des Future Ferns, les pétillantes guerrières se muent en athlètes assidues. Elles savent qu'ici se jouent leur avenir et l'opportunité d'écrire une page de l'histoire du football néo-zélandais. Avec elles, dans le groupe depuis un an, dès le lancement du programme en janvier 2017, Meikayla Moore montre une certaine excitation. Elle s'envole dans quelques jours en direction de l'Allemagne. La défenseure centrale, déjà quelques capes avec les Ferns, a signé un contrat avec Duisburg, un club pensionnaire de la Frauen Bundesliga, le championnat féminin allemand. Sa carrière professionne le débute. Elle nous explique avoir bénéficié, ici, d'un environnement bâti autour de la recherche de performance, qui l'a propulsée à son meilleur niveau. Quatre entraînements par semaine plus un match, un staff technique et médical consacré, à temps plein, à ce réservoir de joueuses dont l'accompagnement est total.

Égalité partout

Gareth Turnbull promeut la nécessité de pouvoir les côtoyer, les suivre et les faire évoluer ensemble quotidiennement. Les joueuses ne sont pas sous contrat, mais soutenues et aidées pour en décrocher un. L'objectif qu'elles deviennent des joueuses professionnelles susceptibles de s'exporter vers les meilleurs clubs à l'étranger est assumé. Gareth Turnbull sait que leur épanouissement passera par là, et que leurs équipes nationales seront gagnantes en retour. D'ailleurs, près de trois quarts des internationales composant la sélection jouent déjà à l'étranger.

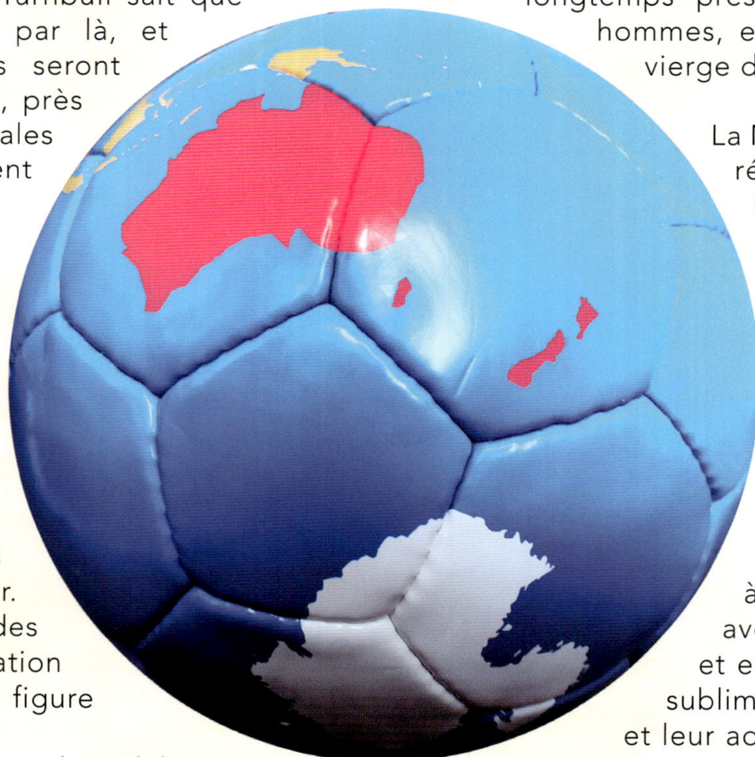

Avant leurs transferts heureux et espérés vers l'Europe ou les States, les Future Ferns s'entraînent avec application toute la semaine, sur des créneaux de pratique aménagés selon leur temps scolaire ou universitaire, et le dimanche elles jouent dans un championnat particulier. Elles figurent dans le tableau des U17 Conférence de la fédération régionale d'Auckland, et font figure d'exception.
Chaque saison, elles affrontent des clubs de jeunes garçons dans la catégorie des moins de 17 ans. Une mixité remarquable qui nous laisse dubitatives. Nous ne nous souvenons que trop de nos matchs amicaux de préparation face à des garçons : chaque fois, nous prenions une taule, et commencions la saison le moral dans les chaussettes ! Nous avions la sensation d'être jetées en pâture à la domination masculine, qui n'acceptait absolument pas d'être dépossédée de son sport, ce football viril impossible à partager avec la gent féminine. Évidemment que face à nos différences physiologiques et physiques, ils s'en donnaient à cœur joie, tout en ne supportant pas un petit pont soudain humiliant quand il est signé « elle ». Si, chez nous, le football a été trop longtemps présenté comme la propriété des hommes, en Nouvelle-Zélande il est neuf, vierge de toute connotation sexuée.

La NZ Football a misé sur une mixité réfléchie. Lors de matchs tests, les Future Ferns ont affronté les différentes catégories de garçons de quinze à dix neuf ans, pour finalement convenir que les U17 proposaient la concurrence la plus saine et l'émulation la plus grande. Les joueuses sont surprises par nos questions, lorsqu'on leur demande leur ressenti après une saison passée face à des garçons. Elles semblent avoir parfaitement intégré l'idée, et estiment ainsi être poussées à se sublimer. Leur motivation est grande et leur adaptabilité technique et tactique s'en ressent. Gareth Turnbull est aussi convaincu de ce système où l'engagement est plus rude, grâce auquel ses joueuses gagnent en réactivité, en vitesse d'exécution et en combativité. Les garçons, quant à eux, nous affirment que les Future Ferns sont difficiles à battre, admiratifs de leur efficacité.

Lors du match de préparation auquel nous avons pu assister, les Future Ferns à domicile nous ont étonnées. Sous une pluie battante, elles s'appliquaient à faire courir le ballon sur un synthétique accélérateur de passes, selon des consignes tactiques précises. Les joueurs du club de East Coast Bays s'engageaient dans les duels sans modération, pour répondre au rythme effréné imposé. Ce match, sous nos yeux, faisait tomber la pluie encore plus vivement, comme pour renforcer l'image d'une mixité résiliente, capable de transcender acteurs et actrices dans leur quête de victoire. Une rencontre purement féministe où chaque moitié de l'humanité est représentée et solidaire dans l'effort collectif.

Dans ce pays, trois femmes ont déjà occupé la tête du gouvernement en tant que Madame la Première Ministre, dont l'actuelle, Jacinda Ardern, a donné naissance à sa fille durant son mandat. Sa fille qui, elle, n'est pas née dans un chou-fleur mais quasiment dans l'hémicycle, ne sera peut-être pas footballeuse. En tout cas, si elle devient une joueuse internationale, elle bénéficiera de primes de matchs, et de droits à l'image équivalents à ceux des joueurs, et voyagera dans les mêmes conditions que ses homologues masculins, la fédération ayant voté l'égalité salariale pour ses internationaux, en mai 2018.

Ce football néo-zélandais ne s'adresse, pour l'instant, qu'à un petit nombre, mais il a l'audace d'un révolutionnaire et le panache d'une génération engagée. Une île au bout du monde, pourtant si près de l'humanité, ne peut qu'atteindre ses buts, et donc voir son football gagner du terrain.

RAINING MEN
Auckland, janvier 2018. Veille de tournage décisif : les future Ferns U20 contre une équipe masculine...
Mélina, la provençale : " Roooo ... La pluie c'est l'enfer.."
Candice, la Normande : " I'm Singin' in the rain..."
NZcom Auckland TODAY
match Ferns
HEY HO, let's go!
CRAZY frenchies!
Vannes, Bretagne, 6 mois plus tard Coupe du monde féminine U20, les Future Ferns affrontent les Françaises
Tu vois, je te l'avais dit !!
Ici, il ne pleut que sur les cons !
Presse

Grace Jale

« Tourne-toi vers le soleil, et l'ombre sera derrière toi. »
Proverbe Maori

Au centre de la démonstration guerrière dansée durant le haka, au cœur du jeu, pendant 90 minutes de combat sur le rectangle vert, face aux Australiennes de la first nation, nous rencontrons la victorieuse Grace Jale, joueuse de la sélection ethnique et culturelle maorie. Cette athlétique joueuse à la carrure de conquérante affiche un calme pacifique. Réservée, elle accepte de nous parler de son histoire à la fin du match ; sa voix fluette ne s'étend pas sur les détails, l'expression n'a pas besoin de beaucoup de mots pour révéler la dimension de cette rencontre.
Finalement, c'est Phillip Pickering Parker, le fondateur de la fédération de football maorie qui parle le mieux d'elle : « Grace a tout mais pas le moindre ego. Elle est absolument une super-star ! Inspirante et charismatique, elle joue, sans le savoir, un rôle de leader auprès des jeunes générations de sa communauté ».

Joueuse des Future Ferns, elle se prépare tranquillement pour devenir une des Ferns. S'imposer au sein de l'équipe fanion devient son objectif. Très ancrée dans le présent, la joueuse maorie s'autorise à rêver, discrète, dans l'ombre géante de sa taille. Montrer la voie sans hausser le ton, augmenter le rythme sans donner de la voix, c'est toute la philosophie de Grace. Une philosophie qui l'exporte… Nous la retrouvons à Vannes, en Bretagne, lors de la Coupe du Monde des moins de 20 ans. Elle y affronte la France et s'offre un match nul aux allures de succès. Les Kiwis ont dérangé les Frenchies à domicile.
Ce jour là, elle ne calculait pas, n'imaginait pas, ne se projetait pas, à part vers l'avant en direction du but, toujours. Depuis, elle a rejoint le club du Sparta Prague, synonyme de sa participation à la Ligue des Champions, et d'une ouverture professionnelle heureuse.

Loin de son île, Grace, footballeuse moderne, s'est rapprochée du soleil ; elle y brillera peut-être un peu plus à l'été 2019. Lors de la phase qualificative pour la Coupe du Monde en France, elle a intégré la sélection des grandes. Future Ferns est devenue Ferns, la force de la nature a saisi ses droits.

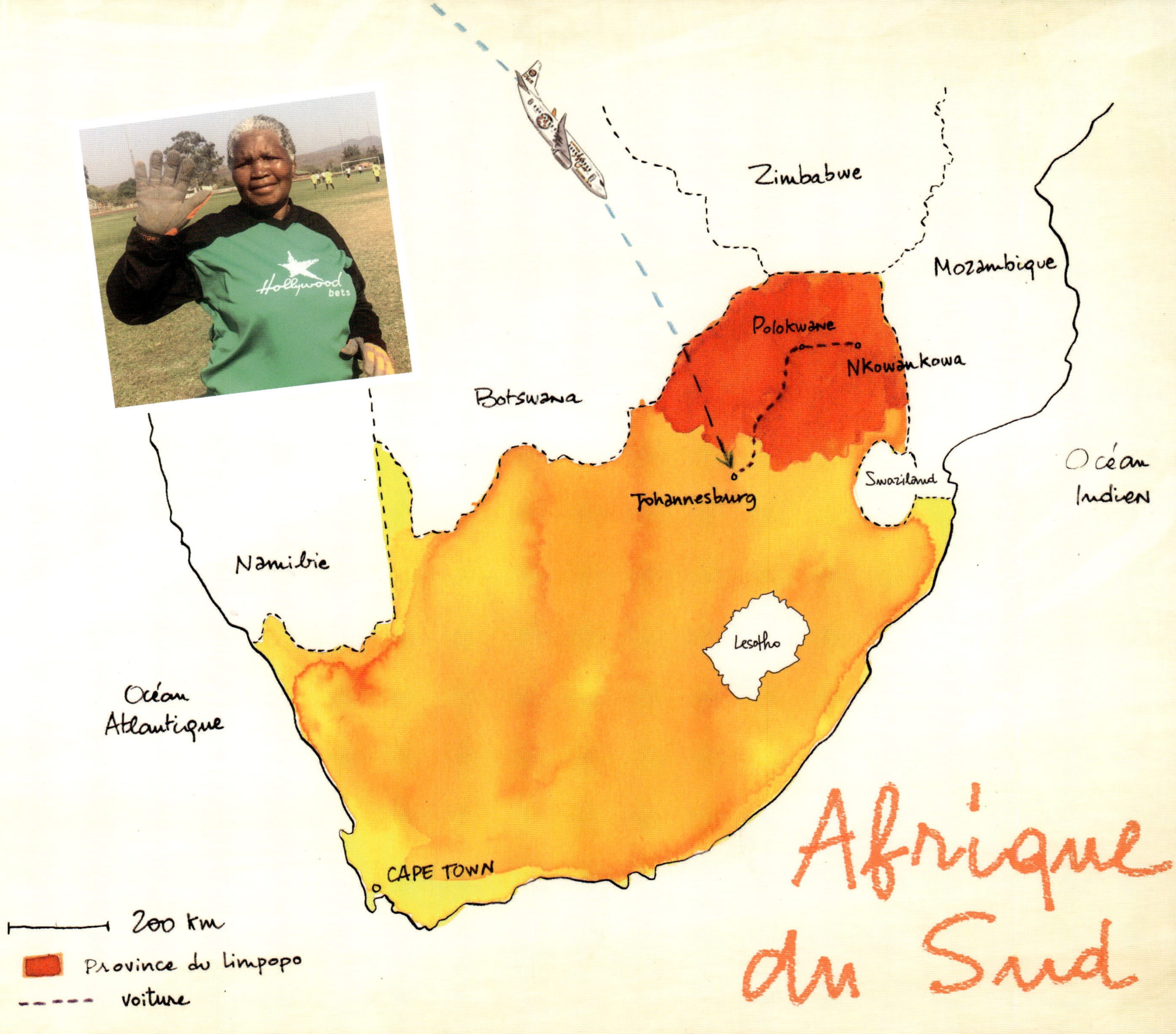
Hollywood
bets
Zimbabwe
Mozambique
Botswana
Polokwane
Nkowankowa
Johannesburg
Swaziland
Océan
Indien
Namibie
Lesotho
Océan
Atlantique
CAPE TOWN
200 km
Province du Limpopo
voiture
Afrique
du Sud

Parc Kruger
LIMPOPO

Il n'y a pas d'âge pour jouer au football, surtout quand c'est pour le plaisir ; il est alors sans limite. Mais ne croyez pas qu'être une « Granny Soccer » soit un jeu d'enfant… À la canicule, elles répondent sueur. Contre leur âge avancé, elles courent en sens inverse des aiguilles d'une montre.

À la solitude, elles opposent des regards complices.

Pourquoi et comment certaines femmes en Afrique du Sud ont-elles choisi le ballon rond pour se défouler, se ressourcer et se rendre la vie plus belle ?

Des mamies en crampons

L'Afrique du Sud et le football. La première fois que les deux ont été étroitement associés, c'était en 2010 lors de la Coupe du Monde. En France, ce souvenir est encore chargé d'amertume, voire de honte. Dans le pays hôte aussi, tout n'était pas que joie autour de cet évènement. Différents articles sont parus à ce moment-là. Un en particulier nous a interpellées : « Les grand-mères sud-africaines jouent aussi au football » (article France 24 - juin 2010). Souvent en supportrices épidermiques, nous nous sommes surprises à dire devant un match de foot : « même ma grand-mère, elle aurait fait mieux que ça ! ». Candice et moi avons raccroché les crampons, officiellement, à la trentaine. Aujourd'hui, courir pendant 90 minutes s'avère être une éternité, le terrain nous apparaît immensément grand, les efforts à fournir sont incompatibles avec nos conditions physiques quelque peu désuètes.

Quand nous avons appris que des mémés en crampons s'affirmaient sur les sols arides d'Afrique du Sud en cognant le ballon sous un soleil de plomb, outre notre admiration, notre curiosité était à son zénith.
Nous connaissions les Banyana Banyana, les joueuses de la sélection nationale sud-africaine, pour les avoir suivies dans les compétitions internationales, notamment lors des derniers Jeux à Rio en 2016. Nous voulions désormais connaître les « Vakhegula Vakhegula ».

Quatre mots-clés bien envoyés sur Google plus tard – « Grannies football South Africa » –, nous connaissions la genèse des « Vakhegula Vakhegula ». En langue Tsonga, un dialecte parlé au nord de l'Afrique du Sud, cela signifie « mamies ». Même « mamies » au carré tant elles impressionnent lorsqu'elles se constituent en équipe.
Comment les contacter ? Y avait t-il, à la pointe sud de l'Afrique, une mémé geek susceptible de nous répondre ? Juste une page Facebook plutôt désertée, au nom de Mama Beka, la fondatrice. Un Messenger avec un taux de réponses proche de zéro. Bref, rien ne nous décidait à booker nos billets pour Johannesburg.

Et finalement, quelques semaines plus tard, un email nous est parvenu. Nous devions contacter Kanetani Mkhavele, l'homme à tout faire de la fondation. Il nous a abreuvées de coupures de journaux montrant le sérieux de leur démarche, et a insisté pour que nous lui envoyions une lettre d'engagement à venir tourner un épisode de notre série de documentaires. Ainsi, il pouvait solliciter les autorités locales et aller décrocher quelques subventions matérielles et financières. La meilleure promotion de ses Grannies Soccer chéries devrait être faite.

À notre arrivée à Jo'burg, un comité d'accueil de mémés pimpées citadines, mais en crampons, nous attendait.
Si, en Afrique, le football est roi, de par leur liberté et leur enthousiasme communicatif, les « Vakhegula Vakhegula » en sont devenues les modernes égéries. Dans ce pays totalement atypique du continent africain, elles véhiculent l'image de femmes énergiques, désireuses de taper du pied pour prendre en main leur vie, qu'elles veulent mener au bout.

Au bout, ce n'est pas la cage, mais le sentiment d'être restée droite, combative face à ce temps qui s'en va et nous courbe l'échine.

Ah mince, avec tout ça, j'ai oublié de vous parler de leur âge !

Les Vakhegula et leur coach

Sortir des griffes de la vieillesse

Au début de l'aventure de ces Grannies Soccer, qui n'a comme but qu'une longévité heureuse, il y a une femme : Rebecca Ntsanwisi. Originaire de la province du Limpopo, c'est dans la petite ville de Nkowankowa, à 600 kilomètres au nord de Johannesburg, qu'elle enfile généreusement le costume de « Mère Teresa ». Profondément tournée vers l'humain, comme son père René, qu'elle a en admiration pour son engagement en tant qu'ancien enseignant et inspecteur scolaire, elle est de tous les combats en faveur des plus démunis. Avec beaucoup d'acharnement, elle vient en aide et se dédie à sa communauté dans sa quête d'un quotidien meilleur.

En 2003, on lui diagnostique un cancer du côlon, elle n'a alors que 35 ans. Malgré la maladie, elle ne cessera ses multiples activités auprès des habitants de sa région. Comme si lutter pour les autres aidait à se guérir soi-même. Pour Beka, l'altruisme est une vertu médicinale.
Sa maladie l'amène, durant plusieurs années, à côtoyer les hôpitaux et dresser un constat fataliste. Trop de femmes de son âge, encore jeunes, souffrent de maux qui, normalement, touchent des personnes bien plus âgées. Sur le long chemin de sa guérison naît une détermination à sortir ses consœurs et ses aînées des griffes de la vieillesse ou de la mort prématurée.
Sa dignité face à l'adversité inspire les femmes de sa communauté : elle devient la battante modèle à imiter. Promouvoir une vie saine, bannir la sédentarisation en jouant au football : voilà le virus qu'elle entend propager chez les mamies de 50 à 85 ans.

Et pourquoi le football ? Tout simplement faire comme tout le monde ! Il n'y a pas une rue où l'on n'y joue pas ; il n'y aura plus une seule femme qui ne participera pas. Cela semble un peu radical dit comme ça, mais Rebecca Ntsanwisi a un plan pour les voir s'épanouir.
Car avant de devenir des Vakhegula en shorts et chaussettes, elles étaient des femmes seules, rongées par l'inactivité et complaisantes avec la plainte.
Mariées très jeunes avec des hommes beaucoup plus âgés, aujourd'hui plus de 90 % d'entre elles sont veuves. Leurs enfants sont grands et font des études supérieures ou travaillent loin du domicile familial. Reste une maison bien vide, à qui oublie que la vie peut la combler.

Le football les anime, de bouche à oreille, sur les conseils enjoués de Beka puis d'amies qui les prennent par la main, elles mettent un pied devant l'autre jusqu'au terrain et bousculent leur quotidien de femmes au foyer.

D'abord, il faut se trouver une tenue appropriée. S'affranchir d'une barrière culturelle en s'autorisant à libérer ses genoux et donc les montrer. Le short devient la nouvelle mode pour ces habituées des jupes longues. Elles troquent aussi leurs gilets et chemisiers contre des tee-shirts colorés, floqués de maximes de vie motivantes, ou des maillots vert et jaune des sélections nationales, marqués sur le cœur du logo officiel où figure la fleur de Protea, emblématique de l'Afrique du Sud.

Une équipe arc-en-ciel aux cheveux grisonnants souvent cachés sous des foulards, plus pour le style que pour l'aérodynamisme, naît sous les yeux des habitants acquis à leur cause.

Séquence de frappes

Gardienne de but en alerte

Depuis 2007, elles s'entraînent deux fois par semaine. Jack Abrahams, leur coach, les attend tous les mardis et jeudis de 15h30 à 17h30. Au rythme de sa voix, les Vakhegula se redressent, courent, se livrent à des efforts qu'elles n'auraient jamais imaginé pouvoir réaliser avant de fouler, pour la première fois, le sol du terrain annexe du Nkowankowa Stadium pour la première fois. En tenue, elles se retrouvent sous le seul arbre porteur d'ombre du site. Elles sont une trentaine.
Certaines, fatiguées, viennent seulement observer et jouer les nounous. Leurs petits-enfants dorment ou s'amusent dans des couvertures posées au sol. Quand ils réclament les bras, au moins une Vakhegula est là.
Les autres, dans le champ, transpirent. Après quelques tours de chauffe en footing, chaque articulation est sollicitée : en flexion, en extension, et à un rythme audacieux.
Objectif : éviter les traumatismes de l'opposition à suivre ; mise en place d'une attaque-défense sur un but. Chaque équipe essaie de bien quadriller le terrain, la discipline de chacune évite l'effet grappe autour du ballon, comme on peut souvent le voir chez les débutantes. Elles s'appliquent, cherchent toujours à être à la tombée du ballon, ne fuient pas le duel. Leur motivation est frappante.
L'exercice physique les soude, et ce groupe, en action sous nos yeux ébahis, semble vouloir encore s'agrandir. Car elles donnent envie de se joindre à elles, de jouer toutes ensemble.

Pendant que les Vakhegula se trouvent un second souffle, Mama Beka continue d'œuvrer en coulisse. Elle a pris acte de leurs besoins et de leur potentiel. À l'origine de la création de la SAEFA (South African Elderly Football Association), une organisation visant à développer le football auprès des personnes âgées, elle a pour ambition désormais d'organiser une ligue regroupant plusieurs clubs de « Grannies Soccer » dans toute l'Afrique du Sud. Un championnat leur serait ainsi consacré ; des matchs comme l'aboutissement régulier de leurs entraînements.
Reste à sensibiliser la SAFA (South African Football Association), la fédération Sud-africaine de football, sur la question.

Le pap, un repas de championnes !

D'ailleurs, pour notre dernier jour dans le Limpopo, un grand évènement de ce type est prévu. Un tournoi à huit équipes, au Nkowankowa Stadium : le terrain offciel cette fois, celui avec une grande tribune et un stade plein d'herbe.

Un défilé de minibus arrive tôt dans la matinée, au son des vuvuzelas. Cet instrument, qui est une torture pour nos oreilles, est une invitation à l'euphorie pour nos Vakhegula. Des équipes venues de différents endroits du Limpopo sont présentes : Polokwane, sa capitale régionale, Mokopane, Gayani, et Hoedspruit, une ville agricole où vit majoritairement une population blanche. Deux autres ont fait le trajet de nuit depuis Soweto et Ivory Park : deux townships proches de Johannesburg, à 5 heures de route du stade.

Les pionnières Vakhegula, natives de Nkowankowa, arrivent les dernières au stade. Depuis 4 heures du matin, elles s'échauffent, mais devant les fourneaux.

Notre hôte, Anna, a enfilé son tablier aux couleurs du Vakhegula Football Club, et appelé ses copines pour s'occuper du repas. Du pap, prononcé pop, pour avoir le peps ! Le pap, c'est le plat traditionnel du pays. Une mixture blanche à base de maïs, de farine et d'eau, aussi appelée porridge, que les Sud-Africains consomment quotidiennement. On a les pâtes, elles ont le pap.

Ce régime de sportives est évidemment accompagné de viande et de poisson en ce jour de fête. Elles ne se sont pas levées avant le coq pour faire de la bouillie.

Et puis, jouer une heure, sous un soleil qui fait monter la température à 35 degrés, nécessite quelques précautions nutritionnelles. Quand nous questionnons Mama Beka sur leur capacité de résistance face aux conditions difficiles, elle s'amuse à dire que « tant qu'elles mangent, elles peuvent jouer toute la journée ».

Déjà chaussées de crampons, toutes s'activent en cuisine, chacune semblant savoir quoi faire sans avoir à demander à la cheffe. Autour des chaudrons et grandes casseroles, des kilomètres de discussion sans respiration s'enclenchent, et à chaque phrase un tour de cuillère de bois. Nous ne comprenons pas vraiment ce qui se dit, mais nous nous plaisons à imaginer qu'elles parlent tactique d'avant-match.

Sunlight

Une liberté contagieuse

Pendant ce temps, une grande parade s'organise dans les rues de la ville. Escorte policière, responsables politiques municipaux en tête de cortège. Près d'une centaine de joueuses défilent en tenue et en chanson, démonstration du bonheur d'être réunies. Tous les habitants semblent les connaître : les « Vakhegula Vakhegula » sont institution dans le Limpopo. Dans un chant de joie faisant la part belle au collectif plutôt qu'à l'individualisme, elles demandent « are you ready for Vakhegula ? » comme si leur liberté se doit d'être contagieuse. L'entrée dans le stade est digne d'une arrivée victorieuse après un marathon olympique. Tour de piste, avec la sensation qu'un public les attend. Même pas, mais leur enthousiasme le laisse à croire. Drapeau sud-africain dans le vent, la marche devient un pas de course. Dans l'enceinte sportive, relever la poitrine et lever les genoux leur donnent le sentiment d'exister très fort.

Le tournoi ne commence que plus tard. Depuis les tribunes, elles assistent au moment solennel, celui des longs discours. Sous l'ombrelle teintée du visage de Nelson Mandela, se succèdent les maires de Tzaneen (la grande ville voisine) et la maire de Nkowankowa. L'action de Mama Beka au sein de sa communauté est au centre de leurs palabres. Celles de la « Mère Teresa du Limpopo » sont tournées vers l'avenir : les huit équipes présentes ce jour ne constituent qu'une première étape dans son projet d'organiser, dans un futur proche, une Coupe d'Afrique des nations de Grannies, voire une Coupe du Monde. Notre présence est un enjeu fort : la Coupe du Monde se tiendra en France en 2019, elle rêve d'y amener ses protégées en mission « opération séduction ». Ensemble, elles sont allées aux États-Unis, en Russie l'été dernier, et se voient désormais dans l'hexagone pour convertir l'espoir de leurs prouesses vétéranes sur le rectangle vert français. Et nous sommes là pour filmer cette belle histoire…

Hop « action ça tourne », le coup d'envoi est enfin donné ! Les « White Grannies » d'Hoedspruit ouvrent le tournoi face aux joueuses noires d'Ivory Park *from* Soweto.

Les matchs s'enchaînent. Malgré la chaleur, aucune ne se préserve. La gagne n'est pas une fin en soi, bien qu'elle motive. Surtout ne pas tricher, ne pas se cacher et s'engager entièrement. Une arbitre officielle veille à la sécurité des joueuses, mais ne transige pas sur les règles du jeu. Si nous avions arbitré, nous aurions supprimé la règle du hors-jeu, que la plupart ont du mal à cerner. Cela les prive de jolies embardées, leur coupe souvent les jambes, et gâche un peu le plaisir. Nous voudrions les voir marquer, tant leur débauche d'énergie mérite d'être récompensée. Certaines sont bluffantes de gestes techniques et de volonté de se projeter vers le but. À les voir percuter et frapper de longs ballons vers l'avant, les 100 mètres qui séparent les deux cages semblent plus étroits qu'en vrai et nous plus vieilles qu'elles ! Deux mi-temps de 30 minutes, 35 degrés, entre 50 et 85 ans… Ce cocktail molotov de nombres à deux chiffres nous donne le tournis. Nous finissons éreintées après avoir disputé chacune une rencontre. Elles, ne semblent presque pas entamées, leurs ressources sont inépuisables : la troisième mi-temps se vit au rythme de leur pas, tout aussi précis quand elles entrent dans la danse. La musique dynamise les cœurs et suspend le temps qui court.

Ce football guérisseur, terrain d'expression du troisième âge, interpelle. En France, il est considéré comme un sport traumatisant, très loin de la marche nordique. La grande majorité des joueuses et joueurs font leur jubilé entre 30 et 35 ans, et nous avons très rarement croisé des vétérans de plus de 55 ans, bien qu'une fois dans l'année, un rassemblement d'ex-internationales soit organisé : « Bleues un jour, Bleues toujours ». C'est plus l'occasion pour elles de raconter l'histoire de leurs cicatrices de jeunesse (ligaments croisés, fractures de la clavicule, entorses, etc.) que de parler 4-4-2 et comparer leur vitesse maximale aérobie ! Comme les Vakhegula, elles retrouvent les copines et existent au sein d'un groupe soudé et chargé d'une mémoire collective heureuse. Autour du ballon, se créent des dynamiques. Dans le cas des Vakhegula, il ne s'agit pas d'appels, contre-appels ou d'accélération balle au pied, mais de course contre le temps. Il est difficile de mesurer l'impact de leur pratique en matière d'espérance de vie rallongée ou de diminution du taux de mortalité, mais il est indéniable que leur vie est plus douce lorsqu'elles se charcutent les tibias et se bousculent, épaule contre épaule, sur la terre ferme. L'espoir de ne mourir plus tard suffit à faire du football, un sport de reines.

Alors oui, c'est promis, nous ne parlerons plus jamais de nos grand-mères de la même manière, car nous aurions aimé non pas qu'elles ne fassent mieux mais juste comme ça.

CAP ou PAS CAP ?
Août 2018.
Arrivée chez Lizzy Mougwe, pionnière du Vakhegula Football Club et marathonienne infatigable. Son salon est un véritable hall des trophées !!!
MARATHON 2013
LIZZY: 66 and so strong!
great marathon
winner
Bonjour Lizzy !
Hello !
LIZZY
?
...mais quel âge avez-vous ?
Heuu.. Soixante-Sept ans ?
MAIS NON, MAMAN !!! Tu as soixante-treize ans, voyons !
hi hi hi !!
Bon, les filles, je vous propose un défi de course !
10 rands* sur la table, et on voit qui sera la première à Tzaneen !
Heu...
...
...il n'y a que 15 km !
no, thank you Lizzy !
Je suis certaine de l'avoir déjà fait... Même si je n'ose même pas me rappeller QUAND !
La dernière fois que j'a couru 15 born je suis rest une semain à l'horizont

* 0,60 €

Rebecca Ntsanwisi

« Le vrai chef prononce des paroles de sagesse,
et sème des graines d'autorité. »
Moses Isegawa

Rebecca Ntsanwisi, son nom accrocheur et rugueux contraste avec la douceur et la rondeur de son surnom, « Mama Beka ».

Une personnalité à double facette pour une femme plurielle. Un personnage complexe pour une action originale et unique. Il est nécessaire de la voir pour le croire. Son charisme est impactant.

Nous la rencontrons pour la première fois à l'entrée de la radio où elle travaille en tant qu'animatrice. Vêtue d'une robe verte à froufrous, les cheveux très courts, la peau épaisse et noire, impossible de lui donner un âge. Entre très occupée et préoccupée, il est difficile aussi de savoir ce qu'elle a dans la tête. Mais de toute évidence, il semblerait que les journées soient trop courtes pour elle, à la voir s'activer et attraper en plein vol chaque minute. Elle ne cesse de passer et recevoir des coups de fil. Un téléphone planqué dans son soutien-gorge, l'autre comme greffé à l'oreille, en alternance selon le caractère professionnel et/ou sentimental de l'appel. Attention les ondes ! À peine arrivées, elle nous enveloppe de ses bras pour nous saluer et, sans plus attendre, nous gronde : « Vous deviez venir ce matin à l'émission de radio, vous êtes en retard ». Nous sommes comme des stagiaires face à une businesswoman autoritaire. Rebecca Ntsanwisi a une posture politique, puissante et sévère pour marquer la rigueur de ses démarches et de sa position sociale. Mama Beka, elle, sourit pour laisser passer la lumière et donner à voir la profondeur de son empathie.

Avec ce caractère compartimenté, elle s'est attirée une reconnaissance sans faille, presque aveugle, des Vakhegula. Et dans le même temps, a suscité l'intérêt de décideurs influents avec lesquels elle discute sans concession pour donner de la visibilité et étendre son projet. L'argent ne doit absolument pas être un frein au développement de ses idées. Rebecca Ntsanwisi avance avec, grâce, et pour les autres pendant que Mama Beka se faire chérir par ses nombreuses « mamies ». Elles connaissent tous ses petits bonheurs, comme déguster un bon poisson grillé au petit déjeuner.

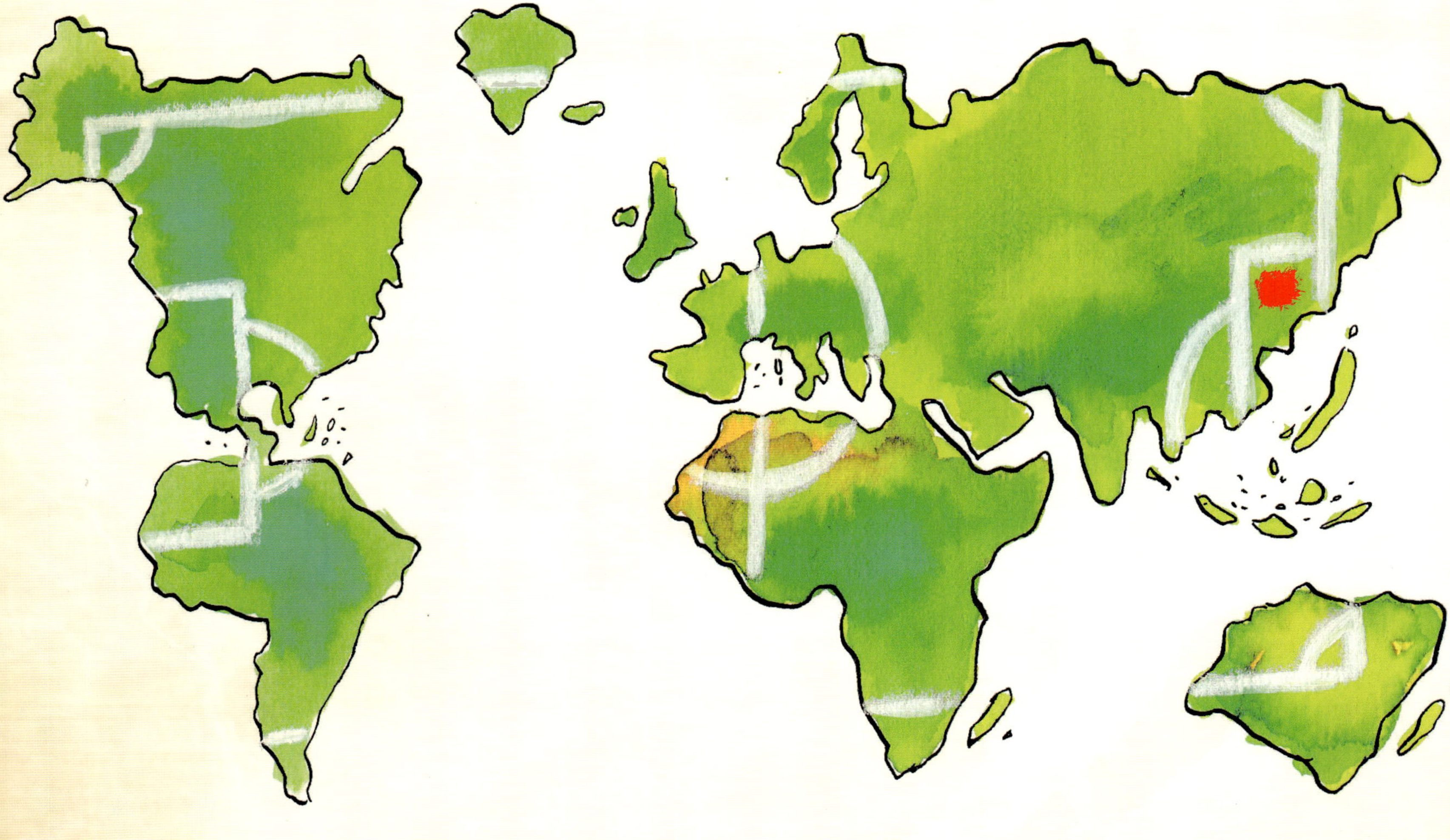

Chine
Russie
Kazakhstan
Mongolie
Kirghizistan
Afghanistan
Pakistan
PÉKIN
Dalian
Corée du Nord
Corée du Sud
Taiwan
Birmanie
Vietnam
Laos
200 km
Province du Liaoning

Muraille de Chine
PÉKIN

« Football total » pour la Chine : la volonté politique d'un président, Xi Jinping, fan de ballon rond, et à l'ambition démesurée.

Dans son « rêve chinois », le développement du football se hisse au rang de priorité nationale. De l'école aux clubs jusqu'aux sélections : tous les moyens sont bons pour inscrire la Chine sur l'échiquier du football mondial.

Jusqu'où l'empire du Milieu est-il prêt à aller et à dépenser pour atteindre son objectif et remettre la balle au centre ?

Les Roses d'Acier, espoir de tout un pays

« Organiser la Coupe du Monde en 2030, et la gagner d'ici 2050. » Quand la Chine se donne une mission, elle est galactique, et les actions menées, souvent déroutantes. Sur le plan sportif, il n'y a qu'à se remémorer Pékin 2008. La Chine avait accueilli les Jeux, mais avait aussi fait des prouesses : cent médailles récoltées au total, deuxième au classement général, juste derrière les États-Unis. Avec la Coupe du Monde 2030, Xi Jinping – président depuis mars 2013 – fait référence à la compétition FIFA chez les hommes, mais la même ambition est projetée chez les femmes. Avec une priorité presque plus grande. Non pas que la parité homme-femme et le désir d'installer citoyens et citoyennes, sans différences, dans les meilleures conditions pour se réaliser, soit une préoccupation majeure du président, mais parce qu'il fait preuve d'une lucidité extrêmement pragmatique. La sélection masculine chinoise occupe actuellement le 76e rang mondial FIFA, tandis que son homologue féminin s'affiche à la 15e position du classement. La logique est implacable. Les femmes pourront plus rapidement propulser la Chine au haut niveau du jeu et du business.

Exister géopolitiquement exige médailles et performances. Être excellent en tennis de table, badminton, gymnastique ou même en volley-ball et basket-ball ne suffit pas.

La première puissance mondiale en devenir a bien compris que seul le football gouvernait la planète : en tout cas, c'est la voie qui porte et rapporte. Pour être au cœur d'un système économique global, la Chine se doit d'arrêter d'être la risée des rectangles verts, et nous ne parlons pas de dollars.

Joueuses de l'école Baiyun

Ainsi, les footballeuses chinoises font désormais l'objet d'une considération particulière. Les Roses d'Acier portent en elles la promesse – déjà assumée lors de la Coupe du Monde 1999 qui les a vues briller – d'offrir à cet insatiable ogre financier, l'image vendeuse d'un conquérant des stades et des coupes.

École Baiyun – Dalian

Derrière ces vingt-deux représentantes de la République populaire de Chine, dans les grandes compétitions internationales, se trouvent près d'un milliard et demi d'habitants très majoritairement à l'écoute du rêve de l'hyper-président. Mais aussi des capitaux sans frontières ni scrupules, susceptibles d'investir dans les plus grands clubs et centres de formation, d'attirer les plus talentueux et compétents professionnels du ballon rond. Ne faites pas comme si vous ne saviez pas que Marcello Lippi était le sélectionneur de « la Grande Muraille », telle qu'est surnommée l'équipe masculine !

Faire que la masse croie au rêve d'un seul homme. Se servir du football pour rayonner et confirmer la fulgurante émergence du pays. Un programme d'envergure que Little Miss Soccer a voulu explorer de l'intérieur.

L'émancipation de la femme grâce au football est tout de même le sujet de notre enquête autour du monde…

20 ans après une finale de Coupe du Monde

Nous atterrissons en Chine, un souvenir mémorable à l'esprit : la date du 10 juillet 1999 ; jour de finale de Coupe du Monde de football féminin entre la Chine et les États-Unis. À domicile, devant près de 90 000 spectateurs, les Américaines se font surprendre par une équipe chinoise sans complexe, à la défense infranchissable. Les Roses d'Acier poussent même les reines du soccer jusqu'à une séance haletante de tirs au but. Le sacre sera américain, mais la Chine a prouvé, ce jour-là, qu'il faudra à l'avenir compter sur elle. Presque vingt ans plus tard, elle reste présente dans les grandes compétitions, mais sans aucun résultat.

En réalité, cette équipe, vice-championne du monde en 1999, était en majorité constituée d'athlètes. Des sportives plus habituées à la piste qu'à la pelouse, préparées à courir et ne pas concéder de but. Comme sur un match, tout est possible en football, cela a marché… Au fil des années, tandis que les autres sélections se sont structurées et ont nettement progressé, la Chine n'a pas su hisser son niveau de jeu et d'exigences : faute d'un manque d'infrastructures, d'une mauvaise organisation, d'une formation déficiente, et, surtout, faute d'un amour naturel pour ce sport.

Le football est populaire en Chine, mais depuis le canapé, moins sur les terrains. Or, regarder n'est pas pratiquer ! Former de grands joueurs et de grandes joueuses au sein d'un collectif est l'affaire de plusieurs années et d'un suivi cohérent. La répétition est nécessaire, mais le jeu est toujours mouvant. Impossible de se construire une culture foot dans un temps record. Mais la patience n'est pas une vertu des dirigeants chinois. Pour nourrir ce fol espoir d'éclore vite, la seule solution est l'argent. L'excessive emprise du gouvernement et les intérêts de grands investisseurs privés gangrènent un développement constructif du football global. Corruption et matchs truqués sont monnaie courante, bien qu'on tente de l'endiguer. Et paradoxalement, l'élite du football chinois en fait les frais.

Ainsi, après avoir mis au placard le gendarme financier du football, un appel d'air doré a aspiré vers la Chine des joueuses de renommée internationale, ainsi que des staffs et entraîneurs ayant fait leurs preuves en Europe. Aux grands chèques, les pépites ! Et, à ce jeu, la Chine apprécie particulièrement le « made in France ».

La route de la soie à prix d'or

Du côté des équipes féminines, les relations (re)bondissantes entre la France et la Chine ont commencé en 2013 avec la nomination d'Élisabeth Loisel à la tête de la sélection nationale. Puis, en 2015, avec celle du sélectionneur Bruno Bini, avec qui les Bleues avaient auparavant atteint les demi-finales de la Coupe du Monde en 2011 et des JO en 2012.

Ces dernières années, la Chine lorgne sur le savoir-faire français jusque dans les clubs de l'hexagone. Des talents de la D1 féminine ont été approchés avec des propositions de contrats à plusieurs gros chiffres. Les noms d'Eugénie Le Sommer, Marie-Laure Delie, Kadidiatou Diani ont circulé. D'autres figures emblématiques du championnat français ont récemment pris la route de la soie avec un pont en or : Vero Boquete l'Espagnole (ex-PSG), Cristiane la Brésilienne (ex-PSG) et la Costaricienne Shirley Cruz (ex-OL et PSG). Avec elles, des entraîneurs phares : Farid Benstiti (ex-OL et PSG) et Gérard Prêcheur (ex-OL). En bref, nous avions sur place des pied-à-terre. Mais malgré cette « French connection », le dépaysement a été total.

超级联赛
A1-5
KELME
22

Au cœur du Dalian Quanjian FC

Direction Dalian, à l'est de Pékin, dans la province du Liaoning. Une ville plus grande que l'Île-de-France. Elle tient aussi sa grandeur de ses records. Comme Guangzhou chez les hommes, Dalian est une terre de football. Dans le tableau féminin, chaque saison, le Dalian Quanjian FC truste tous les titres, et ne laisse que quelques miettes à ses adversaires. Ici, les possibilités d'évoluer et d'atteindre le haut niveau sont réelles. Farid Benstiti y a posé ses valises, dans un mélange d'appréhension et de curiosité. Dès sa première saison, il a permis à cette équipe de confirmer son potentiel et d'asseoir sa place de leader.

Nous arrivons sur la fin de sa deuxième saison. L'enjeu se resserre pour Dalian. En l'espace d'un mois, le club a la main sur son destin. Un sprint final à la conquête de la Coupe de Chine et de la Chinese Super League, son championnat. Quatre matchs et deux adversaires : Beijing et Jiangsu, son principal rival. Sur le terrain, des « little miss(es) et misters soccer » que nous connaissons très bien.

À domicile, Farid Benstiti et son staff préparent sérieusement ces échéances. À l'entraînement, il s'agite pour faire passer ses consignes tactiques. Ses jongleries entre le français – traduit en chinois à ses joueuses, via un traducteur au marquage strict – l'anglais, l'espagnol, et quelques mots de mandarin, rendent la séance folklorique. On est sur du one-man-show !

Dans son effectif, la star nigériane, Asisat Oshoala, Ballon d'or africain 2017, et la solide Argentine, Soledad Jaimes, bénéficient d'une attention spéciale. Ce sont ses piliers offensifs pour gagner les matchs. Toutes deux dictent le jeu de Dalian, un jeu très direct avec une multiplication d'appels en profondeur.

Veille de match de Coupe de Chine (demi-finale retour, face à Pékin), nous retrouvons à l'entraînement Vero Boquete, rampe de lancement du Beijing Phoenix. Elle parle presque plus qu'elle ne court. La mise en place tactique d'avant-match la pousse à donner de la voix, et témoigne des déficiences des joueuses chinoises sur ce pan du jeu. L'Espagnole, qui a connu les plus grandes ligues, ne cache pas sa frustration.

Quelques jours plus tard, retrouvailles avec Shirley Cruz, pour l'avant-dernier match du championnat (Dalian reçoit Jiangsu). La Costaricienne se balade au sein de cet effectif, et affiche plus de sérénité. Sous la houlette de Gérard Pêcheur, elle se fond dans une stratégie de jeu calquée sur ses qualités, avec notamment des redoublements de passes dans les petits espaces, des attaques placées, etc. À son arrivée en 2017, Gérard Prêcheur a repris l'équipe en main et, grâce à sa double casquette de formateur (ancien entraîneur du pôle féminin à la direction technique nationale en France) et d'entraîneur avec l'Olympique Lyonnais, il a réussi à imposer sa vision. Un jeu où la possession est au centre, et Shirley Cruz bien en place, au milieu.

Le foot, seulement un métier

Des façons de jouer différentes, mais une touche française bien présente. Avec, dans chaque équipe, des internationales étrangères qui donnent le tempo et imposent leur style. Ce sont les leaders incontestables. Mais elles ne peuvent pas être plus de deux sur le terrain. Une loi imposée par la fédération de football chinois pour protéger leurs joueuses. Si l'arrivée d'étrangères a rendu plus attractif le football chinois, la priorité est quand même de former et faire émerger, vers le plus haut niveau, des joueuses locales, forces nationales. Les joueuses chinoises sont toutes professionnelles, ce qui est peu commun dans le paysage féminin du football mondial. Elles sont mises dans les meilleures dispositions pour ne penser qu'à leur sport. Elles vivent toutes ensemble au sein de leur centre d'entraînement. Leurs repas sont également pris en charge et partagés. Un terrain leur est entièrement dédié pour des sessions d'entraînement quotidiennes. Leurs seules exigences ? La discipline, l'écoute et l'acharnement dans le travail.

Les Frenchies nous racontent ce qui se passe au sein des clubs. Malgré un professionnalisme décrété, nombreuses sont les incohérences dans la gestion et la réalité de la pratique. D'abord, une hygiène de vie à l'encontre du sport de haut niveau, comme avaler une fondue chinoise deux heures avant le match, ou encore du soda pour se rafraîchir à la mi-temps. L'absence de diététicien et de kinésithérapeute au sein des clubs. Dans certaines villes, des centres d'entraînement flambant neufs, mais des stades pour les rencontres officielles aux « pelouses » jaunies. Des matchs où s'affrontent deux équipes aux couleurs de maillots identiques. Des GPS ultra-sophistiqués posés sur les joueuses sans aucune analyse des données a posteriori. Autant d'incompréhensions auxquelles font face quotidiennement les staffs et joueuses étrangers. Leurs compensations salariales les empêchent de fuir !

Les joueuses chinoises disposent de qualités techniques très intéressantes. Nous reconnaissons les bases du modèle asiatique : un jeu court bâti sur la circulation constante du ballon, avec des failles dans la finition et le placement défensif.

Tactiquement, leur besoin d'acquérir certains fondamentaux avant de mettre en place des stratégies plus élaborées, est perceptible. Tout comme, de façon encore plus prégnante, la nécessité de s'émanciper du poids inhibant d'un régime politique encore très présent. Trop peu de joueuses chinoises font preuve de créativité, et s'illustrent dans des fulgurances individuelles. Le jeu est ainsi souvent stéréotypé. Par ailleurs, les vocations semblent suscitées plus par l'argent que par passion, bien qu'elles y prennent du plaisir. Globalement, les joueuses confirmées gagnent 15 000 à 20 000 euros mensuels. Rapporté au salaire moyen qui s'élève, dans une ville comme Dalian ou Pékin, à environ 1 000 euros par mois, le football apparaît comme une réelle opportunité. Disons que footballeuse en Chine est un beau métier, mais n'est qu'un métier.

Ainsi, le football se porte bien à Dalian, sorti, cette saison encore, vainqueur des oppositions importantes, et donc titré en championnat comme en Coupe en 2018. Mais un club au palmarès étoffé ne signifie pas que le pays a l'étoffe d'une véritable culture football.

权健
B1-7

Une culture du foot en construction

L'école devient alors le tremplin pour insuffler et ancrer cette dynamique de progression. Le football y est obligatoire dans tout le pays, depuis plus de trois ans, à plus ou moins grande dose ! Malgré la réticence initiale des familles à ce que leurs enfants le pratiquent au regard de la corruption dont il est chargé, il s'est installé dans le paysage scolaire. Il existe même des écoles privées qui en font l'unique levier pédagogique. Comme l'école Baiyun à Dalian, que nous avons visitée. Le foot y est omniprésent. Les élèves, filles et garçons, bénéficient d'un entraînement quotidien sur un terrain construit dans l'enceinte scolaire, qui sert également de cour de récréation. Chacune de leurs activités scolaires, qu'elles soient artistiques, culturelles ou théoriques, est rattachée au football. Chez les élèves, le football semble aussi faire l'unanimité. Lors de notre visite, toutes les classes participent à un entraînement spécial en présence de Song Duan, une joueuse professionnelle de Dalian, un modèle pour la nouvelle génération. Les éducateurs ne sont pas les instituteurs, mais bien des coachs formés à l'enseignement du football, majoritairement d'anciens joueurs et joueuses de haut niveau. Dans ce type d'école, une structuration réelle du football chinois, depuis la base, se dessine. Laisser le professionnalisme entrer dans son sein semble être un excellent moyen pour atteindre l'expertise dès le plus jeune âge.

Par ailleurs, des académies de football privées prennent le relais durant les temps de loisir, et concernent en premier lieu les classes socioprofessionnelles aisées. Le mimétisme au modèle américain est patent à cet égard, bien que non assumé. Cependant, les passerelles entre l'État, les clubs, les centres de formation sont diffuses. Bien que ministères des Sports et de l'Éducation nationale travaillent en concertation, le travail des coachs dans les universités, pourtant programmées comme l'antichambre des clubs pour favoriser l'émergence de jeunes talents, reste dans l'ombre. Ainsi, des joueuses brillantes ne peuvent être repérées et s'installer dans l'élite. Sur une population d'un milliard et demi d'habitants, les carrières avortées sont encore trop nombreuses.

Malgré la signature, en grande pompe, au PSG, de la pépite chinoise Wang Shuang, l'été dernier, elle demeure une exception à l'exportation.

Pourtant, l'empire du Milieu perçoit ce transfert, dans sa symbolique, comme un signal fort envoyé à la planète football ; presque aussi impactant que le titre de vice-championnes du monde de 1999. « C'est la Chine » ironisent, sans moquerie ni jugement, Vero Boquete et les « étrangers » qui commencent à se faire aux paradoxes de ce géant planétaire, et attendent comme nous de savoir où en sera ce football chinois dans vingt ans…

Séance football – École Baiyun à Dalian

DALIAN EXPRESS
Dalian, ville du football Chinois. Nous venons assister à l'entraînement de Dalian Quanjian, la veille d'un match face à Beijing Phoenix. Nous sommes juste à l'heure...
Octobre 2018.
BON...
T'en dis quoi ?
Euh... C'est du Chinois !
6 terrains de foot dont un de 60.000 places + piscines + terrains de tennis + gymnases...
Nǐ Hǎo !
We're looking for...
... football practice..?
她说什么!
不知道!
... women !!
我...
不...
...明白!
J'suis meilleure au Time's Up, d'habitude !..
DÉPART
1 km
Mélina ! REGARDE ! ...
Comment on a pu en douter ? Bien sûr, qu'elles s'entraînent dans le grand stade ....
Et enfin ...
Nǐ Hǎo !!

Shuang Wang

« Une identité doit être établie avant d'être transcendée. »
Scott Peck

Suite à notre passage en Chine, je reçois un message d'une « Andréa » sur WeChat, le WhatsApp chinois. Je découvre après « enquête », que ce pseudo mène à Wang Shuang.
Shuang son prénom, Wang son nom.
J'hésite toujours entre Wang ou Shuang pour parler d'elle. En Chine, on se fait appeler par son nom : ce sera donc Wang. À ce moment-là, on me souffle que Wang est un nom fréquent pour les footballeurs. Les Li auraient de meilleures prédispositions pour les sports de raquettes. Je le savais, j'aurais dû m'appeler Zidane !
Notre première rencontre avec Wang date de 2016. Nous avions partagé une fondue Chinoise avec le Français, Bruno Bini, alors sélectionneur des Roses d'Acier. À ce moment-là, elle n'avait que vingt-et-un ans et se fondait dans la masse. Aujourd'hui, Wang, joueuse du PSG, brûle les convenances et passe de l'invisible à l'invincible Chinoise.
L'éclosion de la seule rose connue et reconnue à l'international prend racine dans la capitale. Timing parfait, souhaité par les dirigeants chinois qui voient en elle le parfait QR code pour favoriser les échanges sino-français ou franco-chinois. À cela, elle répond par un objectif sportif : progresser et en faire bénéficier sa sélection. De quoi plaire au Président Xi Jinping !
À ceux qui la classent dans la catégorie « coup marketing », voici la petite histoire du 18 novembre 2018, jour de l'affiche Paris Saint-Germain *vs* Olympique Lyonnais. Diffusion en prime time sur Canal+, l'enjeu est grand, et la pression est immense sur les épaules des actrices du soir. 15e minute de jeu, la numéro 28 du PSG, Wang, se fait oublier de la défense lyonnaise, et réussit son une-contre-une face à la gardienne. Épatante de lucidité et de sang froid, Wang permet au PSG de décrocher le match nul face à la meilleure équipe du monde. Je la félicite après le match, son visage s'éclaire. Elle me reconnaît et me remercie dans un franglais approximatif. Je me demande si vraiment la compréhension de son environnement est important tant elle maîtrise l'essentiel : le terrain.
Shuang est une femme enfant qui joue au football par plaisir et passion, tandis que Wang est la joueuse professionnelle qui assume ses fonctions d'ambassadrice à l'international. Avec cette jeune rose en acier trempé qui ne manque pas de jouer de son identité pour mieux s'amuser balle au pied, la Chine a remporté son pari.

Burkina Faso
Togo
Bénin
Ghana
Côte-d'Ivoire
ACCRA
Cape Coast
200 km
région Centre
région grand Accra
taxi

Fort colonial
CAPE COAST

En novembre 2018, le Ghana a vécu, sur ses terres, une véritable fête du football, la plus enivrante des compétitions du continent africain: la Coupe d'Afrique des Nations. Pour cette 13e édition, les Black Queens ont vu débarquer, sur leur terrain de jeu, sept autres sélections.

À cette occasion, le Cameroun, la Guinée équatoriale, le Mali, l'Afrique du Sud, la Zambie, l'Algérie et le Nigeria ont aussi tenté de se qualifier pour la Coupe du Monde 2019. Que nous apprend cet évènement sur la pratique féminine du football en Afrique ?

La Coupe d'Afrique des Nations

La Coupe d'Afrique des Nations, c'est la cerise sur le gâteau du football africain. Alors que, chez les hommes, elle fêtera ses 62 ans cette année, du côté des femmes, elle n'a réellement que 3 ans d'âge, appelée CAN depuis l'édition 2016 au Cameroun. Elle n'était jusque-là qu'un championnat continental, un palliatif à une structuration défaillante de la pratique féminine du football au sein de chaque pays africain. Les dénominations ont énormément d'importance, car elles créent des dynamiques… Elles sont aussi le reflet d'un intérêt très récent porté aux footballeuses africaines.

Ce championnat d'Afrique du football féminin a été créé en 1991, au moment où la FIFA décidait d'officialiser la tenue, tous les quatre ans, d'une Coupe du Monde féminine. Ainsi, des tournois continentaux qualificatifs pour la compétition reine ont été organisés. Ce fut le cas en Amérique du Sud, en Amérique du Nord et en Afrique. Avec la particularité, en Afrique, que seuls quelques pays pouvaient se targuer d'avoir un championnat national susceptible de fournir les meilleures joueuses à leur sélection.

Malgré cela, certaines équipes nationales nous font rêver, soit pour leur palmarès et leur détermination, comme le Nigeria, reine sur le continent, soit pour la folie de leur jeu porté vers l'avant, avec l'exemple du Cameroun, ou encore du Ghana. À chaque Coupe du Monde, les équipes africaines font le show et rendent hommage à un football plaisir qui nous est cher.

"Ghana style" pour la Coupe d'Afrique des Nations

Malgré des résultats souvent défavorables, leur jeu est pétillant, innocent et sans calcul, il nous ramène en enfance, quand nous jouions sur un seul but pour être sûres de ne jamais être très loin de la cage et de tirer à chaque occasion. Ainsi, nous ne pouvions pas imaginer un tour du monde des femmes qui font le foot, sans vibrer sur le sol africain, et comme nous sommes gourmandes, nous avons même poussé le ballon un peu plus loin... Direction le Ghana, pour suivre, non pas une rencontre, mais les phases finales de la Coupe d'Afrique des Nations, qualificatives pour la Coupe du Monde en France. Le gâteau sur la cerise !

À travers cette découverte, il y a eu du sport, de l'effervescence, du suspense, du folklore et de nombreuses péripéties : un véritable conte africain.

Nous voulions vivre cette CAN au plus près de l'évènement et, dans notre rêve le plus enfoui, soulever la Coupe avec les championnes d'Afrique 2018. Le réveil sonne... Quelques heures plus tard, nous sommes à Accra, la capitale ghanéenne, sous un soleil de plomb, à la recherche de la plus prolixe des vuvuzelas ! Ceci est un conte, et tout bon conte africain mérite musique.

Match à enjeu pour le Ghana

J'avoue que nous avons vite abandonné l'idée de l'achat d'une vuvuzela. Elles sont toutes en plastique, et puis notre rythme s'est accéléré : c'est jour de match. Le Ghana, pays hôte, joue sa survie dans la compétition, face au Cameroun, dans un troisième match de poule qui s'annonce palpitant. Nous devons d'abord récupérer nos accréditations pour accéder à l'évènement en tant que journalistes. Supportrices dans l'âme, reporters dans le style, nous avons un documentaire à réaliser, malgré l'adrénaline de l'évènement qui rend notre caméra, bien que petite, encombrante. Nous n'avons qu'une envie en réalité : sauter, chanter, entrer dans la danse, et profiter de l'ambiance…
C'est finalement ce que nous avons fait car nos accréditations affichent : « Non Rights Holder ». En clair, nous n'avons pas le droit de filmer ce qui se passe côté stade : ni échauffement, ni match. Paye ton reportage sans images !

Avec les supporters ghanéens

Ghana is out !

3e match de groupe de la CAN 2018 - Ghana *vs* Cameroun.
Nos ressources se trouvent donc en tribunes, et nous n'avons pas été déçues. Le Ghana n'a pas d'autre choix que de battre le Cameroun. Nous avons choisi, pour nous mettre tranquillement dans l'ambiance, la tribune familiale : celle où hommes, femmes, enfants et vuvuzelas sont paritaires. Avec un stade vert-jaune-rouge en tous points, impossible de différencier qui est qui, et surtout pour qui.
C'est à la première embardée d'une Ghanéenne aux jambes de feu, que nous comprenons que le stade d'Accra est clairement acquis à la cause des locales de la compétition. Sur le terrain aussi, l'équipe à domicile est reine et le prouve en laissant les Lionnes du Cameroun sans mordant. L'audace et la qualité technique individuelle des Ghanéennes font rapidement mouche. L'ouverture du score viendra à la demi-heure de jeu, sur un coup franc venu se loger sous la barre signé Portia Boakye. Elles pressent, oppressent, sont sur tous les ballons, et surtout provoquent, balle aux pieds. Mais l'enjeu suscite un engagement difficile à maîtriser.
Dans l'euphorie de l'ouverture du score, la gardienne ghanéenne, voit débarquer Gabrielle Onguéné, « la petite voiture » comme l'appellent les Camerounais. Le petit gabarit camerounais n'est plus en rodage depuis longtemps, avec l'équipe nationale (son compteur n'enregistre même plus son nombre de sélections). Son déboulé, pied au plancher, dans la surface de réparation ghanéenne, pousse la gardienne de but à un geste incontrôlé : une sortie excentrée au coin des 16 m 50, alors que l'offensive est inoffensive. Un penalty transformé remet les deux équipes à égalité. Un match nul élimine le Ghana. En tribune, chaque supporter s'adresse au sélectionneur, et exige des changements comme s'il savait mieux que lui qui pourrait les libérer. Mais rien n'y fera. Cette sortie de route au stade des poules pour le pays organisateur provoque une immense déception.
Chaque taxi nous amenant, les jours suivants, aux abords du stade nous fera part de la seule info qu'ils retiendront de cette CAN 2018 : « Ghana is out » !

Les Lionnes Indomptables en outsiders

Ngando Pickett, supporter du Cameroun

Résultat : une demi-finale, à l'allure de super-méga-affiche, met face à face le Cameroun et le Nigeria. Les deux ogres continentaux se sont disputé le trophée lors des deux dernières éditions. La dernière, en 2016, a laissé le Cameroun déchu sur ses terres. La revanche est dans l'air ! Il est important pour nous d'aller prendre la température à l'entraînement et en coulisses. De part et d'autre, il y a des joueuses que nous connaissons bien : notamment Marie Aurelle Awona, la défenseure de Dijon, et Desire Oparanozie, l'attaquante de Guingamp. Un combat de coq se profile entre les deux Africaines du championnat français. Le Cameroun joue l'indomptable, fidèle à son surnom, sur les bords de terrain après l'entraînement, jusqu'en conférence de presse d'avant-match. « Nous allons les croquer », déclare Gaëlle Enganamouit pendant que Marie Aurelle Awona et Ajara Nchout miment des lionnes aux griffes acérées. Se montrer confiantes pour écarter la pression. En face, le Nigeria n'avance pas grand-chose : « on verra », nous disent en souriant humblement la numéro 9, Desire Oparanozie et son acolyte en attaque Asisat Oshoala, Ballon d'or africaine 2017. Les journalistes, eux, s'interrogent davantage sur l'avenir d'une sélection vieillissante que sur leur capacité à s'inviter en finale. La réponse de la capitaine nigériane est pesée : « vous voulez voir jouer des jeunes, allez voir les compétitions U17 ou U20 ». Et toc ! Le Nigeria est l'un des rares pays africains à disposer d'une structuration établie.

Pas le temps d'épiloguer plus que ça, place au coup d'envoi. Nous décidons de prendre place en tribunes avec, bien qu'indomptables, les outsiders : notre côté français certainement. Le Cameroun défend son camp sans être pour autant dangereux. Le Nigeria ne prend pas de risques, mais reste bien en place. Les deux équipes se neutralisent alors que les fans, eux, nagent dans l'euphorie sans relâche.

« Nigeria dans la sauce », chantent les plus véhéments, pendant que les plus sages, dont Ngando Pickett, mascotte des Lions depuis plus de 30 ans, agitent fièrement dans le ciel un drapeau du pays. Henri Mouyebe, de son vrai nom, a assisté à tous les matchs du Cameroun, hommes et femmes confondus. Il est connu pour ses apparitions dans tous les stades du monde, le corps peint aux couleurs du Cameroun. À 63 ans, il a désormais pudiquement enfilé un boubou, mais reste l'inconditionnel ! Des chants, des drapeaux et, évidemment, des vuvuzelas plein tube dans nos oreilles, comme si cela les amusait de nous voir grincer des dents à chaque fois qu'ils dégazaient. L'excitation de l'affiche entraîne un pari made in Little Miss Soccer, presque du bizutage, ma coiffure est aussi en jeu : si le Cameroun gagne, ce sera tresses rouges, si c'est le Nigeria, ce sera tresses vertes. Je m'engage, sans réellement y penser, prise par le match. Mais voilà que Candice sympathise avec une coiffeuse dans les rangs camerounais. C'est acté : Claire va me tirer les cheveux très fort dans les jours à venir.

Score nul et vierge à la fin du temps réglementaire, idem après prolongations. Même si les lionnes ont vendu chèrement leur peau, cela ira aux penalties. Ngando reste digne et confiant : « Ce n'est pas parce que le lion a maigri que nous devons l'appeler un chat », scande-t-il haut et fort. Quelques proverbes africains fusent, comme pour garder espoir. Sur le terrain, c'est au tour d'Enganamouit, l'attaquante vedette, de s'élancer. Symbole de ce lion à la corpulence solide, mais aux pattes tremblantes, car en manque de confiance, son penalty est stoppé. Juste après, sa partenaire, Ngo Mbeleck, ne trouvera que le montant. L'addition est salée pour les Lionnes. Sélection naturelle de la CAN oblige, la finale ne peut se passer, comme à chaque participation, du minimum nigérian ! Treize fois en treize éditions. Les Super Falcons sont nées et grandissent avec cette compétition dans le viseur. Elles retrouveront, en finale, l'Afrique du Sud, vainqueur du Mali, surprise du carré final, dont le championnat n'existe que depuis deux ans…

Il y a deux ans, l'Afrique du Sud, quant à elle, participait aux Jeux Olympiques de Rio pour la première fois, preuve d'une montée en puissance de la nation arc-en-ciel sur le continent africain et sur la scène internationale. Avec cette victoire face au Mali, les Banyana-Banyana (terme qui signifie « les filles » en dialecte Xhosa, une langue d'Afrique australe), comme elles sont surnommées, compostent leur ticket pour la Coupe du Monde en France, pour la première fois de l'histoire.
Nous regardons cela depuis la télé de notre hôtel (le match a lieu à Cape Coast), que nous filmons pour immortaliser ce grand moment. « Non Rights Holder » ok, mais c'est notre petite lucarne, et nous avons un documentaire à réaliser.

« Here we go France » affichent-elles sur leur tee-shirt à la fin du match. Le message est envoyé. Beaucoup de fierté sur les visages, mais aussi de la retenue pour laisser la finale de la CAN s'installer dans les têtes. Elle aura lieu le 1er décembre, et comme c'est l'année de toutes les premières pour les Sud-Af, pourquoi ne pas la gagner ? À l'entraînement, leur coach, Desiree Ellis, pionnière des Banyana-Banyana, nous rappelle le chemin parcouru. Le football sud-africain revient de loin.

Son histoire personnelle en témoigne : elle qui a choisi, un jour, de répondre à l'appel de la sélection, s'éloignant un temps de son travail à la boucherie du supermarché. Ce jour-là, elle fut vice-capitaine et réalisa un triplé ! Cela aurait mérité une augmentation, pourtant son boss lui montra la sortie pour cause d'abandon de poste. Signal fort d'une existence où la liberté du choix devient un sacrifice. La passion pour le football l'impose trop souvent lorsqu'on est une femme. Nous lui souhaitons bonne chance pour la finale. Elle sait que son équipe n'est pas favorite mais elle poétise : « nous avons une histoire d'amour à conclure en beauté ».

Match pour la 3e place de la CAN 2018 - Cameroun *vs* Mali. Avant cette finale tant attendue, le Cameroun, huitième-de-finaliste de la Coupe du Monde 2015 au Canada, a un match capital à jouer. Pour une fois, « la petite finale » a un intérêt réel : en jeu, un dernier billet pour le mondial en France. Le match a lieu à Cape Coast. Ngando et sa bande ont fait le déplacement en bus, depuis Accra, environ 3 heures de route.

Parmi eux, deux ex-joueuses de la sélection camerounaise dans les années 90 ; à l'époque où le foot au Cameroun se résumait à quelques filles jouant dans des équipes de garçons, sous protection de leurs grands frères. Pimpées vert, jaune, rouge de la tête aux pieds, elles chantent en boucle, « le Mali, dans la sauce ». Cette mélodie l'emportera cette fois. Malgré un match difficile, les lionnes s'invitent en France cet été.

Le Cameroun dans les starting-blocks !

sasol

Finale de la CAN 2018 - Nigéria *vs* Afrique du Sud.
Mes nattes fraîchement tressées, nous avons l'impression d'avoir aussi une finale à jouer. Direction le Accra Sports Stadium, que nous connaissons comme notre poche maintenant. Cette fois, nous nous installons du côté des favorites. C'est perceptible, c'est le feu en tribune. Deux kops se sont déplacés en bus depuis le Nigeria. Casquettes Super Eagles (équipe masculine) vissées sur la tête, drapeaux Super Falcons (équipe féminine), messages d'amour cartonnés pour la star de l'équipe, Asisat Oshoala, fanfare enjouée et mélodieuse entre trompettes et tambours, et ce doux bruit de fond persistant qui ne nous quitte plus, même la nuit, le cri des vuvuzelas. Elles sont bradées pour l'occasion. À peine arrivée, oubliant ma coiffure, je me fais cueillir par des fans de la première heure. Les tresses vertes et blanches font effet boule de neige. Style africain et look rihannesque, je n'ai jamais autant fait de selfies de ma vie, au point d'en avoir les dents sèches. Évidemment, Candice n'hésite pas à capturer aussi ce moment, un peu gênant je l'avoue. Mais bon, j'ai affiché mes couleurs. J'explique quand même que je ne suis ni marabout, ni Asisat Oshoala ! Heureusement, les véritables actrices du jour entrent sur le terrain. La tension est palpable. Dès l'entame du match, les deux équipes se rendent coup pour coup, extrêmement présentes dans les duels. Nous sentons de l'observation et de l'engagement, mais aussi une mise en place tactique très rigoureuse.

Aucune équipe n'a décidé de faire vraiment le jeu.
Au regard de la qualité et de l'agressivité défensive de chacune, très vite nous comprenons qu'il n'y aura pas de but dans ce match, malgré les occasions nettes. Il faudra attendre la séance de tirs au but pour voir les filets trembler. Dans cet exercice-là, le Nigeria a fait ses preuves. Le temps du choix des tireuses, nous faisons le tour du stade pour rejoindre la tribune des supporters sud-africains, moins nombreux, mais aussi moins habitués à la gagne. Ce serait inédit… Notre côté français, proche des outsiders, nous rattrape à la dernière minute.

Cela commence très bien pour les Banyana-Banyana, puisque la première Nigériane manque sa frappe. Les fans font des bonds en tribunes. Cet élan sera coupé net par deux échecs sud-africains face à des Nigérianes qui ne rateront plus le cadre. À la fin, c'est toujours le Nigeria qui gagne !
Les Super Falcons sont championnes d'Afrique pour la onzième fois de leur histoire. Certains supporters heureux se demandent même s'il ne serait pas temps pas de rebaptiser la compétition Coupe d'Afrique du Nigeria. Nous sommes presque contentes d'être parties de leur tribune tant l'euphorie semble chaotique, même au loin…

Kop nigérian

Onome Ebi, capitaine nigériane

Nous nous laissons également emporter car avant de nous réveiller au Ghana, nous avions fait un rêve, vous vous souvenez ?

Malgré nos accréditations en bois, nous décidons en toute hâte de rejoindre la pelouse. La remise des prix est en cours : confettis, flashs et paillettes ornent le ciel d'Accra. C'est notre dernière chance. Nous passons le premier barrage via l'entrée réservée au personnel de secours, puis nous nous retrouvons face à deux militaires, devant l'épaisse vitre en Plexiglas qui nous sépare de la fête.

Dans un anglais approximatif, nous expliquons que nous devons rejoindre une journaliste camerounaise qui nous attend, en la montrant du doigt au hasard ! Refus automatique : leur doigt pointé sur notre fucking « Non Rights Holder ».

Nous essayons de baratiner quelques secondes, en vain. Finalement, contre toute attente, la porte s'ouvre. Sur nos visages, un mélange d'innocence et d'excitation incontrôlable. Nous courons féliciter les Nigérianes jusqu'à en oublier la coupe qui rentre au vestiaire. Heureusement qu'elle s'appelle « Desire »… Notre rêve enfoui refait surface grâce à ce qu'elle tient entre ses mains. Desire Oparanozie, nous et la coupe : la photo fut magnifique !

Nous pouvons vous l'avouer maintenant, comme le petit Poucet, nous avions semé des graines dans la tête des futures championnes pour réaliser notre plus grande mission : soulever cette Coupe d'Afrique. La famille des Little Miss Soccer a encore eu raison des interdictions.

Ceci est un conte et, comme tout bon conte africain, il mérite une fin « supersti-heureuse ».

OBJECTIF
COUPE
Novembre 2018, Accra, Ghana. 13e CAN féminine, qui déterminera les championnes d'Afrique et permettra aux 3 meilleures équipes de participer à la Coupe du Monde en France, en 2019. Match de finale : Nigéria-Afrique du Sud, 0-0...
NON RIGHT HOLDE
Pour tout le tournoi, nous n'avons eu qu'une accréditation "Non Right Holder" : sans aucun droit. Nous sommes fichées, nous n'avons pas le droit de filmer les matchs...
Victoire du Nigéria aux penalties !!! Les Super Falcons remportent le titre pour la 11e fois de leur histoire !
C'est le moment pour nous de tenter un défi fou, malgré le NRH : soulever la coupe avec les vainqueures !!!
We know her!
We must go!
mmh...
NRH
SECUR
OK, you can go!
La Coupe est déjà repartie aux vestiaires... Mais nous avions informé Desire Oparanozie, joueuse nigériane, de nos plans...
CAN - GHANA - 201
... Et à la fin, c'est toujours LMS qui gagne !
CAN
GHANA

Asisat Oshoala

« Le caméléon ne quitte pas un arbre tant qu'il n'est pas sûr du suivant. »
Proverbe arabe

Chine, octobre 2018. J'y croise pour la première fois Asisat Oshoala, la Nigériane de 24 ans, joueuse du Dalian Quanjian FC. Comme si je la connaissais déjà… Je la découvrais en 2014, lors de la Coupe du Monde U20, alors meilleure buteuse et élue meilleure joueuse suite à un tournoi abouti. Les Nigérianes atteignaient la finale contre l'Allemagne. Malheureusement pour la jeune pépite, à la fin, c'est toujours l'Allemagne qui gagne ! Elle était déjà un phénomène à l'époque.

En Chine, très à l'écoute de Farid Benstiti (ex-OL), la Ballon d'or africaine 2017, meilleure buteuse du championnat chinois, est concentrée sur les prochaines échéances sportives. En tête de la Chinese Super League, elle est à un point du titre. À l'entraînement, elle est en demande de mises au point tactiques auprès de son coach. Elle est une leader calme et réservée. Nous assistons au match qui permet à Asisat et ses coéquipières d'être championnes, et la quittons heureuse sans avoir réellement pu lui parler.

Ghana, novembre 2018. On monte en température. Nous la retrouvons avec sa sélection, « les Super Falcons », pour la Coupe d'Afrique des Nations. Objectif : gagner et ainsi se qualifier pour la Coupe du Monde en France. Encore des enjeux importants pour la jeune Africaine.

Cette fois-ci, Asisat nous enlace et sourit. Nous étions là pour son titre chinois, ce n'est pas rien 12 200 kilomètres plus tard ! Who run the world ? Asisat.

Du rouge au vert, peu importe, son maillot fait ressortir les formes d'une athlète robuste. Elle en impose mais cette fois-ci, nous constatons que ses coéquipières sont taillées à l'identique, des forces de la nature. Nous ressentons chez elle plus de légèreté, moins de pression, comme si elle était sûre du collectif et de sa détermination. Avec le Nigéria, gagner la Coupe d'Afrique est habituel. Quand nous la voyons à l'entraînement, elle répond « no option » à notre demande de pronostic. Le Nigéria s'empare de la coupe et prouve dorénavant qu'à la fin, c'est toujours Asisat qui gagne !

Japon

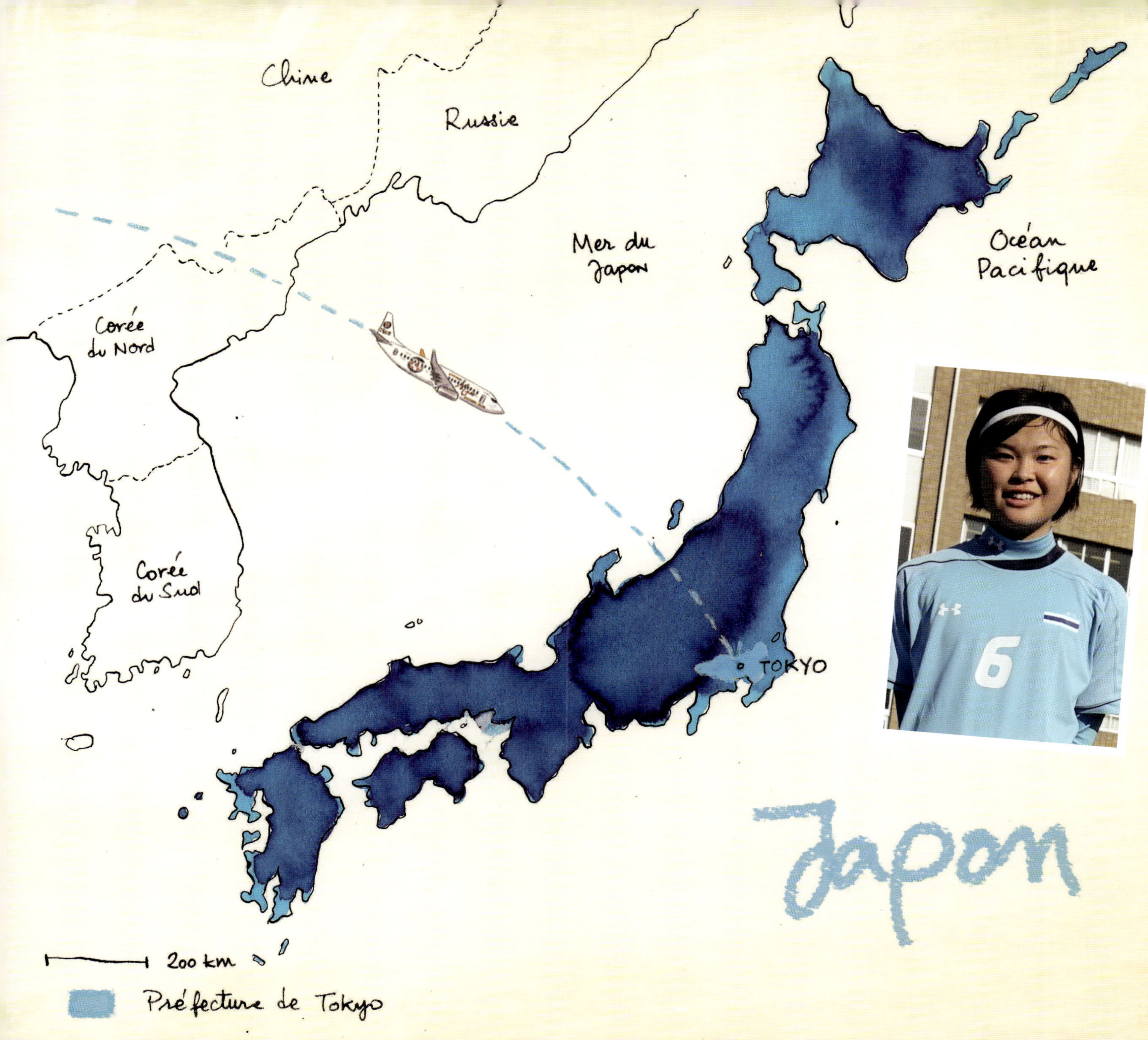
Chine
Russie
Mer du Japon
Océan Pacifique
Corée du Nord
Corée du Sud
TOKYO
200 km
Préfecture de Tokyo

Quartier de Shibuya
TOKYO

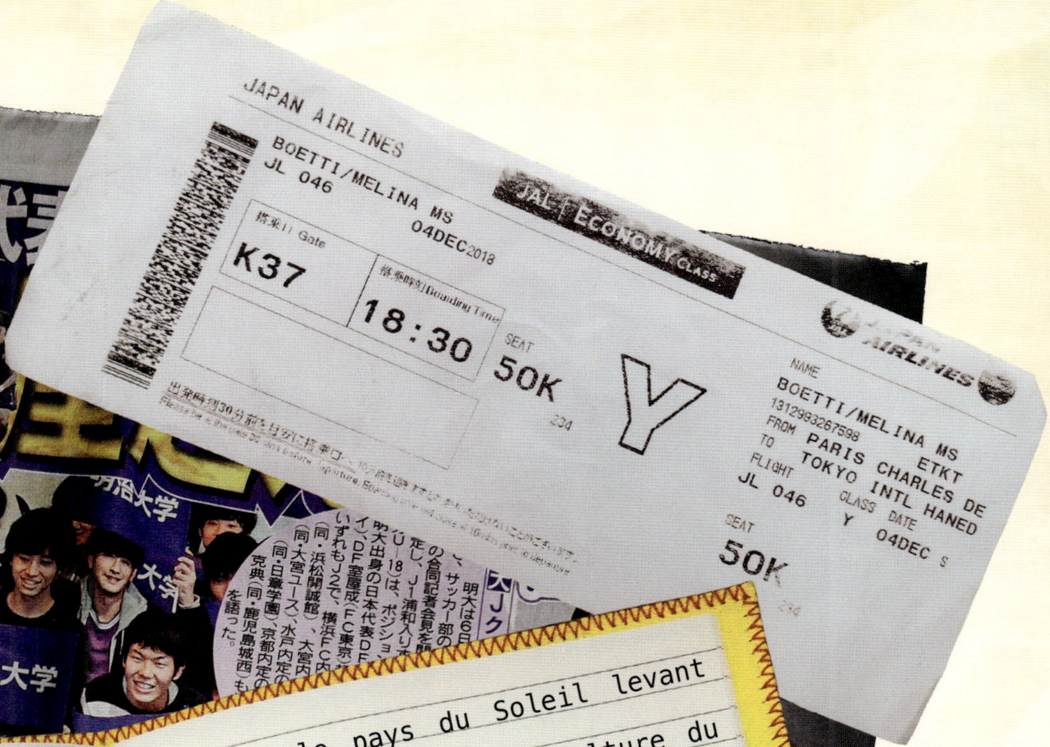

Toujours présentes quand l'enjeu se dessine et la pression monte… Avec les Nadeshiko, les joueuses de l'équipe nationale féminine, le Japon a inscrit son nom sur l'échiquier du football international. C'était en Allemagne, en 2011, les Nippones deviennent championnes du monde, au nez et au grand dam des américaines.

Comment le pays du Soleil levant s'est-il construit une culture du jeu, qui fait de lui, et surtout d'elles, ses footballeuses, des machines à gagner ?

Hégémonie silencieuse

Grâce aux femmes, le Japon est, à ce jour, le seul pays asiatique reconnu mondialement pour son football. Les Nadeshiko ont mis dix ans pour devenir championnes du monde et, depuis dix ans, elles confirment leur hégémonie silencieuse. Car malgré les titres et un palmarès à rallonge, elles restent dans l'ombre, travaillent sans faire de bruit, et font toujours parler d'elles au moment des grands rendez-vous. Pour gagner, le Japon se prépare toujours sans se faire remarquer.

Leur marque de fabrique : la discrétion. Une discrétion presque stratégique. Si on a souvent entendu, à propos de l'équipe de France, qu'elle est championne des matchs amicaux, sans jamais arriver à confirmer lorsque les enjeux deviennent réels, à l'inverse, la sélection japonaise apparaît comme une équipe de niveau moyen quand cela compte « pour du beurre », et finit par montrer son vrai visage quand il y a quelque chose à prouver.

Championnes du monde 2011

En 2011, en Allemagne, elles l'ont gagnée, en 2015, au Canada, elles se sont inclinées face aux Américaines, lors d'une finale exceptionnelle…

Leur approche de haut niveau, et leur efficacité qui frôle la perfection, nous fascinent. La manière dont leur culture du jeu s'est façonnée dans un concentré d'application et d'aisance nous intrigue. La démonstration de force tout en finesse, donnée sur le sol français, en 2018, lors de la Coupe du Monde U20 (la coupe du monde des joueuses de moins de 20 ans) pour s'emparer du trophée, finit de nous interpeller. Avant la Coupe du Monde des « grandes » en France, nous voulions absolument enquêter. Toutefois, entrer dans les secrets du football nippon, à six mois d'une échéance internationale aussi importante, était mission difficile… Mais impossible n'est pas Little Miss Soccer ! Cela a été aussi compliqué de les approcher qu'il est laborieux, pour leurs adversaires, de les déposséder du ballon sur le terrain.

Leur football semblait classé confidentiel jusqu'à ce que nous rencontrions, grâce à une connexion de la débrouille de Candice, « made in PSG », l'agent Kimi ! Un ancien joueur professionnel japonais, globe-trotter du football, amoureux de la France, décidé à tirer profit du talent nippon, et ainsi organiser l'exportation de joueurs et joueuses vers l'Europe.

Nous étions attendues en observatrices du football français et étranger, fortes de notre expérience autour du monde. Il nous a ouvert les portes des institutions, et donné accès à des témoignages précis quant à l'histoire du football dans son pays. En retour, nous sommes devenues l'œil extérieur, les détectrices de jeunes talents de l'émissaire Kimi.
Voici le deal passé : condition *sine qua non* pour poser notre caméra et déchiffrer les codes du ballon rond nippon.

Agent Kimi en place !

Tokyo comme point de chute, à la tombée du ballon, à l'atterrissage de l'avion. Kimi nous accueille, pressé d'épiloguer sur les femmes qui font le foot dans le monde, et sur la façon dont les championnats se structurent et se professionnalisent. Lui et son frère Masa, à la tête de la logistique de l'entreprise familiale en création, nous ont préparé un programme sur mesure, à la rencontre des légendes de la Nadeshiko, mais aussi de ses nouvelles pépites. Nous ne sommes sur place que cinq jours pleins. L'emploi du temps est chargé ; il est prévu que nous rayonnions autour de Tokyo.

Selfie Kimi – jet-lag !

La légende Homare Sawa

Notre visite guidée et surveillée débute à la fédération japonaise de football (JFA - Japan Football Association). Une pionnière nous y attend. Takako Tesuka a participé, avec les Nadeshiko, à la première Coupe du Monde féminine de la FIFA en 1991, à une époque où le football japonais se cherchait encore. À la fédération, elle est désormais directrice du comité technique en charge du développement du football féminin. Avant de rentrer dans le vif du sujet, tout un protocole se met en place : le salut, la distribution des cartes de visite, la présentation de chacune et chacun, les remerciements échangés pour sa disponibilité et notre présence au Japon.

Takako Tesuka – Directrice technique en charge du football féminin

Nous sommes impatientes, nous avons juste envie qu'elle nous donne son sentiment sur l'ascension fulgurante de cette équipe, et sur l'étoile qui figure sur ce maillot bleu qu'elle a porté fièrement. Son interview aurait duré presque moins longtemps que cet instant solennel, si Maki, notre traductrice du jour, n'avait pas oublié son français ! Malgré quelques quiproquos de compréhension, très rapidement les noms de Homare Sawa et Aya Miyama sont évoqués. Même en japonais, on arrive à les capter. En 2011, elles étaient les piliers d'une sélection remontée contre le manque de considération qui leur était accordé. Les joueuses, pour représenter leur pays à cette occasion, sont venues sur leurs deniers : elles ont dû payer leurs billets d'avion, leur hôtel, et toutes les commodités sur place. Au sein de cet élan d'indignation, dans le sillon de ces joueuses d'expérience, s'est forgée une force de caractère collective exemplaire.

À côté d'elles, des jeunes joueuses qui participaient à leur première Coupe du Monde, comme une certaine Saki Kumagai* bien connue en France, se sont aussi surpassées pour rivaliser ensemble.

Les Nadeshiko sont nées dans cette abnégation héroïque. Elles ont prouvé qu'elles n'étaient pas venues en touristes, mais en samouraïs, et ont envoyé un message de courage à leur pays qu'un séisme venait de dévaster trois mois avant la compétition. En finale, le but égalisateur d'Homare Sawa dans les prolongations, alors qu'il restait moins de 3 minutes à jouer… Son jaillissement au premier poteau pour y placer une aile de pigeon, dans un angle improbable, devant la grande Hope Solo, la portière américaine… Ce but, qui m'empêche de terminer mes phrases, restera le symbole d'une Nadeshiko délivrée, qui n'abandonne jamais. Leur grand sens des responsabilités et leur mental de guerrières enracinent l'identité d'une équipe qui ne se présente pourtant que comme un outsider.

*joueuse de l'Olympique Lyonnais depuis 2013

Lors de cette compétition, Homare Sawa obtient le Ballon d'or de la meilleure joueuse, le Soulier d'or de la meilleure buteuse, et est élue, cette année-là, meilleure joueuse de la FIFA devant l'immense Marta. Malgré ces multiples distinctions, jamais le Japon ne parlera d'une « Sawa dépendance » comme c'est le cas pour la Seleção avec la Brésilienne. Le collectif prend le pas sur l'individualisme. Pour arriver à résoudre cette équation, le seul facteur est d'avoir du style ! Ce premier titre a fait franchir un pas de géant au football japonais.

Leur adversaire en finale, le physique titan américain, les a obligées à se concentrer sur leurs qualités, et à s'adapter à leurs petits gabarits pas vraiment robustes, mais à la vivacité déroutante. De ce match historique, est donc apparu leur style, propre et huilé. Évoquer le football nippon revient à en parler : ce subtil mélange entre la culture du jeu et la philosophie de la gagne.

La passion écorchée de la génération 2011, qui œuvrait dans des conditions indignes de la pratique du haut niveau, a laissé place à un plaisir du jeu retrouvé sur de beaux terrains pelousés ou en synthétique, lors de longs stages nationaux de préparation, qui ont permis la progression technique individuelle et tactique des équipes. Dans ce cheminement, le pur jeu japonais s'est exprimé avec éloquence.

Gloire Nadeshiko

Avec Kozue Ando – Championne du monde 2011 et joueuse de Urawa Red

Quand nous rencontrons Kozue Ando, aussi de la formidable aventure mondiale en 2011, pour parler des rouages technico-tactiques de la Nadeshiko, nous ne pouvons pas nous empêcher d'évoquer le sacre. Son meilleur souvenir de 2011 concerne le quart de finale et leur victoire sur les championnes du monde en titre allemandes qu'elle côtoyait, depuis deux ans en championnat, en tant que joueuse de Bundesliga. Triompher face à ses coéquipières de vie, mais adversaires du jour, de surcroît sur leurs terres, dans un stade plein à craquer, restera le moment fort de sa carrière. Ce jour-là, elle fêtait son anniversaire...

Aujourd'hui, Kozue Ando a 36 ans. Un de plus que Candice, et le même âge que moi. Elle joue encore en Nasdeshiko League, le championnat japonais, avec le club des Urawa Red, basé au nord de Tokyo, dans la préfecture de Saitama. Notre question est directe : « Pourquoi le Japon est-il si fort ? ». Sa réponse est sommaire : « La France aussi est très forte ». Chaque fois que nous posons cette question aux actrices du football nippon, nous sommes renvoyées dans nos 16 mètres 50, obligées d'abonder, mais de justifier fatalement : « Oui, mais la France n'a encore ni coupe, ni médaille ! »

Cet échange en dit long sur la culture du football nippon. La lecture de leur jeu doit se faire entre les lignes. Leur pudeur à évoquer la tactique nous fait établir deux constats. D'une part, celui que même une joueuse avec plus de 20 ans de pratique en club et en sélection n'arrive pas à mettre des mots sur le travail effectué, et à définir des traits caractéristiques du jeu japonais. D'autre part, leur timidité pour en parler nous rend suspicieuses ; comme si elles avaient peur de nous dévoiler leur intime trésor. Leur football nous apparaît trop automatisé et, en tout cas, insaisissable.

Pour expliquer leur jeu, elles insistent sur leur petite taille. Nous insistons à notre tour pour leur demander comment elles s'en accommodent et parviennent quand même à mettre en difficulté les meilleures équipes du monde.

Elles reprennent que les Américaines et Allemandes sont grandes et puissantes ! À force de persévérance, nous évoquons le terrain : « Justement, comment réussissez-vous à contrer ce type d'adversaire ? »

Le premier principe est établi : mettre beaucoup de densité en phase offensive, c'est-à-dire beaucoup de joueuses autour du porteur de balle, pour, en cas de perte du ballon, pouvoir être immédiatement à plusieurs pour défendre sur l'adversaire. Autrement dit, en attaque, elles créent les conditions pour éviter le duel, et en phase défensive, s'organisent pour être à chaque fois en supériorité numérique, à harceler le porteur de balle adverse. Ainsi, le duel devient un deux, voire un trois contre un, et la récupération du ballon est plus facile. Entre possession du ballon et pressing constant, les Japonaises épuisent leurs rivales.

Tactique nippone

Kyoko Yano, ex-internationale, est aujourd'hui coach à l'université de Teikyo Heisei, dans la préfecture de Chiba. Elle était défenseure central quand elle jouait. Sur son tableau noir, avant l'entraînement de ses joueuses, elle nous explique que chaque action de jeu se construit à partir des défenseures et de passes courtes. Selon ses dires, les Japonaises pourraient presque jouer sur une petite portion de terrain avec des coéquipières très proches les unes des autres, au fur et à mesure de la progression du ballon. Nous la taquinons en lui demandant s'il lui est déjà arrivé de balancer un long ballon devant. Jamais durant sa carrière !

Également championne du monde 2011, vice-championne olympique 2012, Kyoko Yano n'a jamais gagné d'argent avec le football, comme toutes les joueuses au Japon. Seules celles qui ont fait l'expérience des championnats étrangers ont goûté à ce luxe du professionnalisme.
C'est peut-être ce qui garde intacts la motivation, le besoin d'y mettre tout son cœur et de l'entendre frapper fort dans sa poitrine. Seulement, au moment de soulever les trophées. L'unique gain repose alors sur le don de soi et la satisfaction d'avoir tout donné. Cela vaut, de toute évidence, tous les schémas tactiques du monde.

Nous n'aimons pas vraiment les statistiques, mais celle-ci dénote. Depuis 2010, toutes Coupes du Monde confondues, des équipes U17 et U20 jusqu'aux Nadeshiko, les Japonaises se sont invitées deux fois sur trois sur le podium, et ont remporté dans le même ratio le prix du fair-play FIFA. Le style japonais est vertueux. En plus des performances, elles se distinguent par leur esprit sportif, leur comportement exemplaire sur et en dehors des terrains ; et cela, dès le plus jeune âge dans leur formation.

Avec Kyoko Yano - Championne du monde 2011

Jeunesse ambitieuse

Après les légendes, nous avons rendez-vous avec des lycéennes. L'école Jumonji, à Toshima, dans la banlieue de Tokyo, nous ouvre ses portes. Dans cette école traditionnelle mixte, susciter l'ambition des jeunes filles est une priorité. Le football y est un sport pratiqué parmi tant d'autres. Les jeunes filles, entre 15 et 18 ans, peuvent toutes s'inscrire et faire partie du club de foot de l'école. Elles ne sont pas sélectionnées en fonction de leur niveau, mais de leur investissement dans l'équipe.

Quand l'entraînement commence, nous restons bouche bée. Leur maîtrise technique est impressionnante. On retrouve tout ce que nous pouvons voir dans le jeu de l'équipe nationale : une conduite de balle très rapprochée, une attaque du ballon incisive sur des contrôles orientés imprévisibles, et des passes courtes d'une extrême précision. Avec un peu de recul, en plan large, s'ajoutent au tableau des déplacements perpétuels entre les lignes et les intervalles, pour mettre à distance l'adversaire direct, et se donner du temps dans la prise de décision. Et bien sûr, des redoublements de passes à donner le tournis, même à un hibou.

Équipe Jumonji

L'école a été championne des lycées en 2017, une finale retransmise sur une chaîne de télévision publique – le sport scolaire et universitaire est populaire et médiatisé au Japon, notamment des sports comme le baseball, le rugby, et le football – qui a été suivie par près de six cent mille téléspectateurs.

À Jumonji, la grande majorité des jeunes filles veulent continuer le football après l'école. Dans son parcours, avant d'accéder au meilleur échelon du championnat japonais, la joueuse lyonnaise Saki Kumagai, avait bénéficié du même type de formation, dans une école rivale appelée Tokiwagi Gakuen. La méthode se trouve être la bonne ; elle est aujourd'hui un modèle dans son pays. Saki Kumagai, plus de cent sélections, sera certainement encore dans les starting-blocks pour le prochain mondial. La Lyonnaise y connaît le stade où se jouera la finale par cœur (la finale se jouera au Parc OL de Lyon).

Cette Coupe du Monde sera aussi la conclusion de ce chapitre ; elle s'écrira en juin, ou plus certainement en juillet prochain. L'actuelle sélectionneuse, Asako Takakura, championne du monde en 2014 à la tête de la sélection U17, a prévenu : avec son équipe, elle aime montrer, au monde entier, la façon de jouer des Nadeshiko, et pense fermement que c'est comme ça qu'elles peuvent gagner. « Nous ne copions le style d'aucune autre équipe », a-t-elle déclaré. Vous imaginez bien que nous n'avons pas pu la rencontrer ! Little Miss Soccer, adepte du système D, s'est senti un peu contraint au pays du Soleil levant. Tout en retenue, comme sur le terrain, le Japon nous a imposé son style. Nous avouons ne pas encore connaître toutes les ficelles du jeu nippon, mais avoir été impressionnées.

Avec Asako Takatura, la Nadeshiko a remporté, en 2018, la compétition la plus prestigieuse du continent asiatique, la Coupe d'Asie des Nations, devant l'Australie et la Chine.

On ne vous a rien dit... Chut ! le Japon est qualifié pour la Coupe du Monde 2019.

Entraînement – Jumonji High School

22

TRA DUC TION
Décembre 2018.
Tokyo, Japon. Il y a encore 2 jours, nous étions au Ghana ! Un bref passage à Paris le temps de couper les tresses de Mélina, et nous avons repris l'avion. Température : 7°C, changement d'ambiance !!
Le lendemain, rendez-vous à la Fédération japonaise de Football …
oups.. pas très LMS, comme ambiance …
Maki sera notre traductrice. Elle est pianiste, ne connaît rien au football et n'a pas mis les pieds en France depuis 8 ans…
こんたちは.
Konichiwa.
Takako Tezuka
responsable du développement du foot féminin au Japon et ex-internationale
Bonjour - nous - faisons - le - tour - du - monde - à - la - rencontre - des - femmes - qui - font - le - foot - et …
mais parle-lui normalement !!!
ブノト ズール゛ 女性
面白いプロジェクトです…
そしてな日★?
ラーメソレ よ女子きですか?
Elle a dit "le foot féminin c'est super."
?
!?
1 heure plus tard…
Non mais attends elle a dit quoi EXACTEMENT !? En vrai ?
le Ghana…
Hein ?

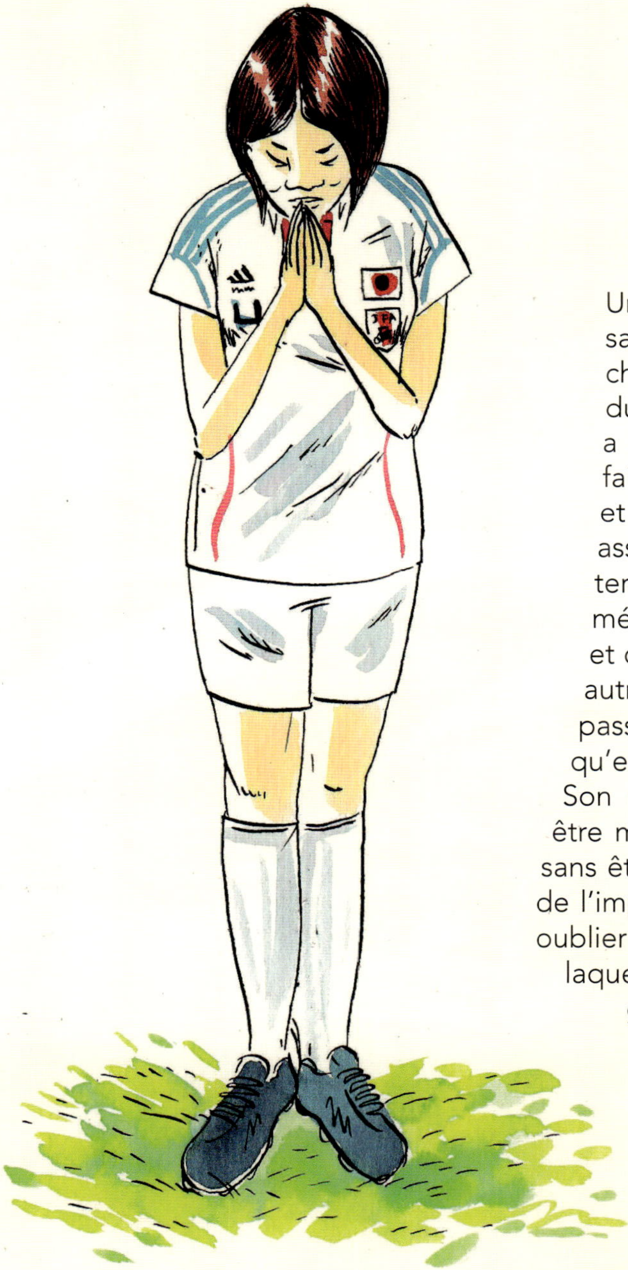

Saki Kumagai

« L'humilité est l'antichambre de toutes les perfections. »
Marcel Aymé

Un portrait japonais sans Saki Kumagai, c'est comme des makis sans riz, cela manquerait de consistance. La consistance, c'est une chose, mais le raffinement c'en est une autre. Saki Kumagai, c'est du « trois étoiles » au guide Michelin du foot. La joueuse japonaise a endossé le maillot de l'Olympique Lyonnais en 2013, elle en fait de la dentelle. En dehors, nous ne savons rien de la femme et de ses aspirations. Entre timidité affichée et concentration assumée sur son essentiel ; elle donne l'impression que seul le terrain permet d'accéder à sa personnalité. Saki Kumagai est le métronome, le régulateur, le fond de jeu qui donne de l'épaisseur et de l'excellence à son équipe. Elle progresse en faisant jouer les autres. Dans notre culture, il semble impossible d'associer plaisir, passion et extrême rigueur de travail. Quand elle salue le terrain, qu'elle y entre ou qu'elle en sorte, elle symbolise toutes ces valeurs. Son niveau d'exigence dépasse celui des Européennes et peut-être même celui des coachs eux-mêmes. La virtuose discrète est là sans être là. Ou plutôt, c'est quand elle ne joue pas qu'on s'aperçoit de l'importance de sa présence. C'est tout l'art des grandes, se faire oublier sans soupçon d'ego, pour laisser régner l'humilité grâce à laquelle le collectif brille. Avec Saki, il n'y a jamais de cerise sur le gâteau. Dès le coup d'envoi, elle a l'habitude de mettre dans sa recette tous les ingrédients nécessaires au succès. C'est la seule joueuse étoilée du championnat de France, championne du monde, vice-championne olympique, trois fois championne en Ligue des Champions avec Lyon. Même à l'ouest de son pays, les rayons du soleil levant l'irradient.

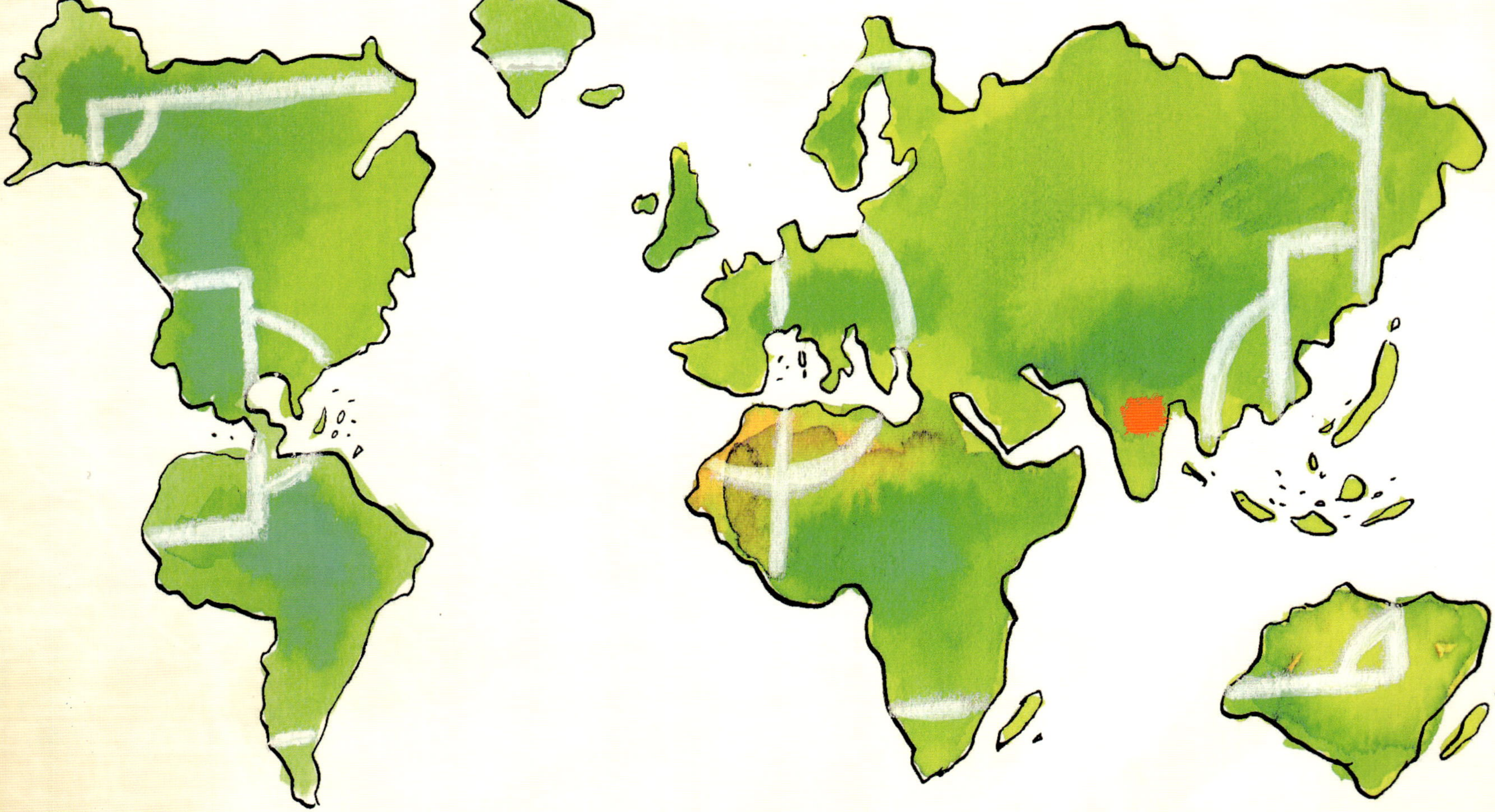

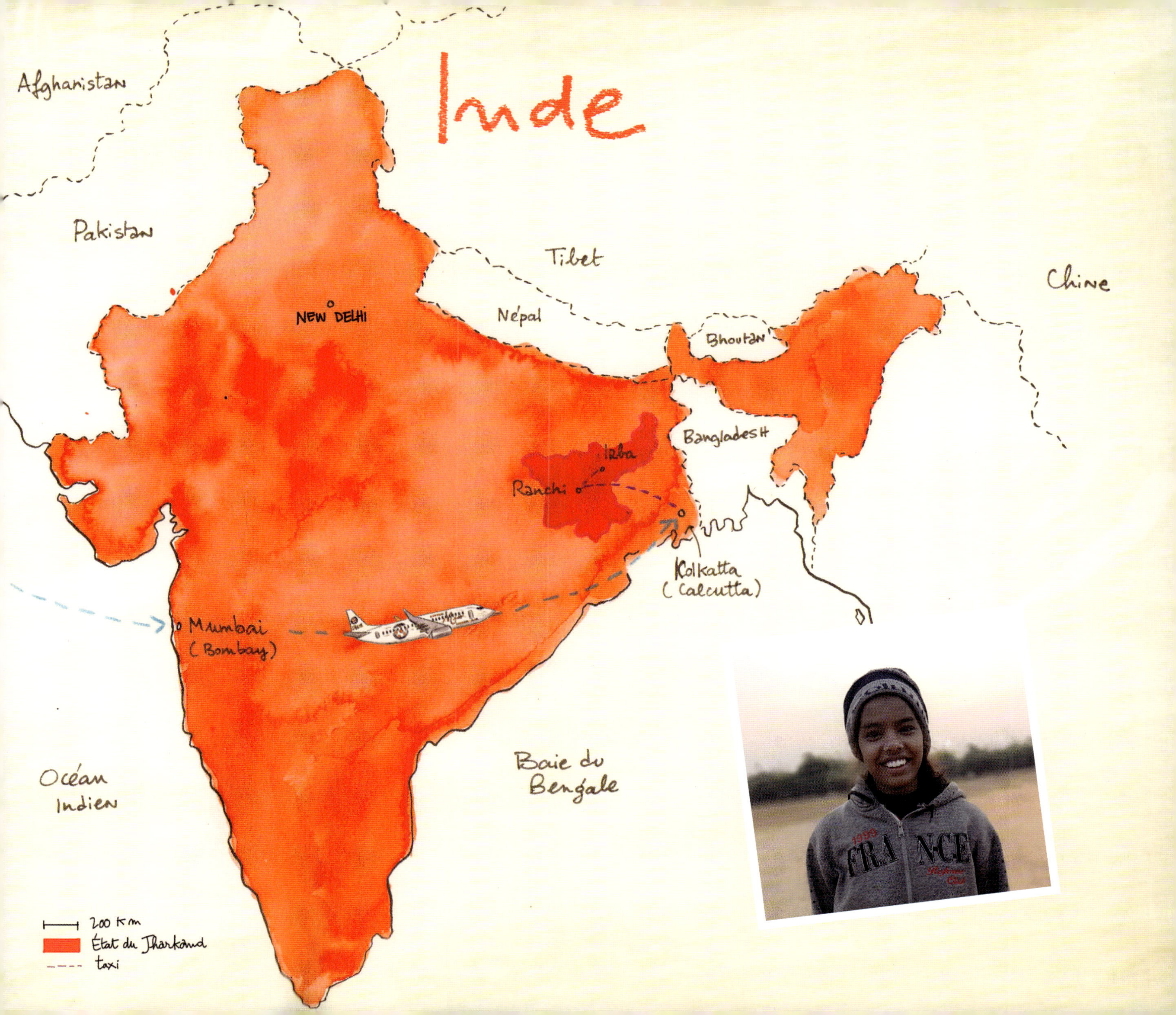
Inde
Afghanistan
Pakistan
Tibet
Chine
NEW DELHI
Népal
Bhoutan
Bangladesh
Irba
Ranchi
Kolkatta
(Calcutta)
Mumbai
(Bombay)
Océan
Indien
Baie du
Bengale
200 km
État du Jharkand
taxi

Terrain de Kulhi – Yuwa

RANCHI

En Inde, le cricket est religion mais le football défend des droits : ceux de jeunes filles souvent fragilisées par un destin que d'autres veulent leur dicter.

Quand le droit au but se confond avec le droit à disposer de soi-même, la pratique du football devient une issue de secours, voire le chemin de la survie.

À quel point le football peut-il ainsi s'avérer sacré quand la seule condition de femme l'empêche d'être considérée et d'exister en tant que personne ?

Le droit d'avoir un but

En Inde, naître fille est une malédiction. Une fille n'est jamais désirée et lorsqu'elle n'est pas tuée dès sa naissance, son existence est un chemin de croix, au cours duquel il est impossible de croire à une embellie. Ce terrible constat établi, il nous était alors difficile d'imaginer une quelconque pratique féminine du football au pays de Gandhi. Nos considérations semblaient trop éloignées de la triste et dure réalité de leur quotidien, de leur vie à la longévité hasardeuse. Lorsque le simple fait de respirer relève de l'aléa, la pratique du sport s'avère, en réalité, une extraordinaire illusion.
Et pourtant, la publication d'un article en ligne nous met la puce à l'oreille. En 2013, une équipe de jeunes filles, âgées de 14 ans, a voyagé depuis l'Inde jusqu'en Espagne, pour jouer la Donosti Cup. Lors de ce grand tournoi international, l'équipe des « Supergoats » (« Super-chèvres »), pour sa première participation, impressionne et s'empare de la troisième place. Leur soudaine exposition a attisé notre curiosité.
Qui était cette équipe indienne décomplexée, venue se frotter au football européen ? Et surtout, comment et où la trouver ? Après un traçage sur la toile, l'oiseau bleu « Twitter » nous oriente vers le Jharkhand.

Dans cet État, parmi les plus pauvres de l'Inde, le sport est tacitement interdit aux femmes plutôt prédisposées aux tâches ménagères, condamnées à servir. Toutefois, la jeunesse féminine a pris le pouvoir grâce à « Yuwa ». Yuwa, ce n'est ni une vache sacrée, ni une déesse vénérée des Hindous, mais une ONG, née dans un village aux abords de Ranchi, la capitale du Jharkhand. Cela signifie « jeunesse » en langue Hindi.

À l'origine de cette initiative, Franz Gastler, notre fiché Twitter. Franz est américain. Il venu là pour travailler, en tant que consultant en affaires et professeur d'anglais. En réalité, il a très rapidement été consulté et a répondu à l'appel de jeunes filles qui, voyant les garçons de leur communauté jouer au football, ont voulu les imiter. Il n'a pas pu refuser malgré ses prédispositions pour le ski.

Ensemble, ils ont fait d'un terrain vague un terrain de jeu improvisé, naturellement devenu une zone de confort et de liberté d'expression pour les jeunes filles des alentours. Les alentours regroupent plusieurs petits villages situés en moyenne à une vingtaine de kilomètres de Ranchi, à la campagne.

Le football leur a accordé un moment de répit, une fenêtre de tir pour éviter les violences et se libérer de leurs hantises. Populaire auprès des garçons, comme dans n'importe quel coin du monde, il est devenu une richesse pour ces jeunes filles issues de la caste hindouiste, dite des serviteurs – enfin des servantes – la plus pauvre des classes sociales indiennes.
Quand on n'a pas d'argent, on a quand même des envies.
Quand on a des jambes, on a aussi une tête.
Et quand on n'a que des devoirs, on lutte toujours pour ses droits.

En 2019, Yuwa fête ses 10 ans d'existence. Cette jeunesse a grandi, a fait des émules et s'est accordée, grâce au football, le droit d'avoir un but et de viser très haut…

La force d'appartenir à une véritable famille

5 heures du matin. Nous attendons au bord de la route, devant notre lodge. Pas encore vraiment réveillées et transies de froid ; nous avons tout le contenu de notre sac à dos sur les épaules ! Un bus jaune affirmant sa jeunesse, le nom de YUWA floqué sur son aile, arrive fier, dans l'obscurité d'une aube encore timide. Tout juste arrêté, un coup de klaxon nous presse pour monter. Ici, très tôt, le temps a déjà une importance capitale. Cette ponctualité marque le respect mutuel pour l'honorable investissement de chacun.
Le chauffeur s'appelle Pappu. Ici, depuis toujours, l'identité s'affirme d'abord dans le prénom. Il marque la reconnaissance de toutes et tous, essentielle dans la construction et l'épanouissement de chacun.

À l'intérieur du bus, Franz, en bon père de famille, est déjà entouré. Bonnets, foulards, écharpes dépassent des sièges et laissent entrevoir de jeunes têtes brunes enjouées.
Leur « good morning » chantant, adressé en chœur à nos oreilles, nous sort complaisamment du sommeil. Nos yeux se posent partout, nous entrons dans leur quotidien avec l'envie de les suivre, de les écouter et de les comprendre. On prend place et la grande tournée commence. En réalité, ce bus les mène vers leur futur…
À chaque arrêt, de nouveaux visages, et toujours le même enthousiasme de noctambules, heureuses d'aller cueillir le jour. Dès lors que les jeunes filles ont un pied dans ce bus magique, un nouvel espace-temps se dessine, un souffle de liberté se fait ressentir. Les yeux s'illuminent, les joues se teintent d'un sourire incontrôlable, et la parole se délie. Ces marches symbolisent leur ascension vers un monde bienveillant, celui où s'ancrent la force d'appartenir à une véritable famille et la promesse réconfortante de pouvoir personnellement s'y sublimer.

Officiellement, il peut contenir cinquante-six personnes. Officieusement, son affluence ne connaît pas de contrainte. Ces jeunes filles sont des migrantes vis-à-vis de leur famille, des réfugiées dans leur propre pays. Ce bus, c'est leur « Aquarius », de l'association SOS Méditerranée : monter à son bord est le seul espoir d'une vie meilleure, peu importe s'il faut s'y serrer. On combat ainsi le froid et la solitude. Finalement, à bord on compte près de cent jeunes joueuses et coachs déterminés, et des sacs de jute posés derrière le chauffeur, avec, à l'intérieur, l'objet de leur conquête : le ballon.

Des groupes de joueuses déjà constitués sont déposés à différents endroits, en fonction du lieu où elles vivent. D'autres, dont les maisons sont proches des terrains, les rejoignent à pied ou à vélo. Rapidement, telle une fourmilière, chaque terrain est envahi. Elles sont plus de quatre cents footballeuses au total, tous les matins.

Une aire de jeu sans limites

Nous descendons au premier arrêt du bus et, après quelques minutes de marche en guise de réveil musculaire, nous arrivons sur le terrain de Hasatu. Ce lieu est bien plus qu'une aire de jeu, il est sans limites. Si l'on considère son côté pratique, il se partage en deux terrains de foot sauvages, l'un est de taille presque homologuée, avec de la terre sablonneuse au sol, pratique pour l'adhérence ; l'autre est plus petit, recouvert d'herbe teintée de rosée, et oblige à travailler les appuis ! Si l'on veut apprécier son côté poétique, ce lieu est un patchwork de nature brute ; entre arbres séculaires, végétation exotique, terre de labeur, rizière en jachère, il nous transporte… Surtout lorsqu'un joli disque rouge, solaire et chaleureux s'invite au second plan, spectateur de l'agitation des enfants de l'Inde.

Aujourd'hui, il y a match. Sur le grand terrain, les « Rock Stars », les « Little Masters », les « Little Sunrise » et les « Super Women » vont s'affronter. Leurs jeunes coachs respectives, d'anciennes joueuses formées chez Yuwa, encadrées par des coachs seniors – les rares hommes en qui elles ont confiance – les prennent en main sans devoir épiloguer. Chacune sait ce qu'elle doit faire pour laisser place au plaisir et à ses prolongations.

7070344118
तन्नु हार्डवेयर

Après un court échauffement, dans un nuage de poussière, des jeunes filles de tous âges, de toutes tailles, chargées d'audace, se transcendent pour tenter d'envoyer le ballon dans la cage de bambou adverse. Le niveau de pratique et l'intensité du jeu sont impressionnants. Les mieux équipées ont des crampons de fortune, souvent trop grands, d'autres jouent en claquettes chaussettes. Quel que soit le confort du chaussage, le ballon leur colle aux pieds.

Il y a des joueuses super techniques, avec une excellente lecture du jeu. Certaines ont fait l'expérience de l'équipe nationale indienne. Shivani, aujourd'hui coach pour Yuwa, a connu, dès l'âge de 13 ans, ses premières sélections. Elle en est revenue meurtrie... Dans les staffs, des hommes sont aux manettes. Avec les mêmes réflexes ancestraux de négligence et d'assujettissement à l'égard des femmes. C'était pour elle insupportable. Elle y a renoncé le jour où, alors qu'elle était blessée, le sélectionneur l'a obligée à jouer, jusqu'à ce qu'elle tombe de souffrance sur le terrain. Désormais, le seul terrain sur lequel elle prend du plaisir est celui de Yuwa.
L'entraînement pour elles, le spectacle pour nous, dure plus d'une heure. Enfin, jusqu'à ce que nous puissions apercevoir le bus au loin. Il est maintenant en poste, garé devant l'arbre tordu qui surplombe la route étroite.

Claquettes de football

Vers le bus magique après l'entraînement

Nous suivons Rima et Riya, de retour chez elles pour se préparer avant l'école. Elles disposent d'une heure pour s'appliquer à quelques corvées domestiques, avaler un thé chaï et quelques morceaux de chapati (le pain traditionnel indien fait de farine et d'eau), se brosser les dents, fendre l'air de leur jupe uniforme, et attendre à nouveau le bolide jaune qui les suit partout pour les emmener, cette fois, à l'école.

Les deux sœurs participent au programme de football de Yuwa depuis plusieurs années. Rima, l'aînée, âgée de 16 ans, est aujourd'hui coach. Comme Shivani et plus d'une trentaine de ses jeunes coéquipières, elle a suivi un programme de formation, et passé différents niveaux de tests pour devenir entraîneure. Dès l'âge de 12-13 ans, une footballeuse Yuwa a la possibilité, si elle le désire, d'enseigner le football. Grâce à ce nouveau statut, elles obtiennent, en guise de salaire, une bourse scolaire. Rima se sent ainsi impliquée auprès de ses petites sœurs du village. Son père a une vision totalement à part, au sein de leur communauté. Il met ses filles sur un piédestal. La fierté qu'elles lui procurent anéantit tous les schémas rétrogrades et machistes que la société rurale indienne reproduit et banalise. Il s'excuse de son « pauvre anglais », car il aimerait nous livrer son cœur et enchérir sur son admiration paternelle. Nous le rassurons : cela se lit si intensément dans ses yeux.

Tisseur, il gagne un petit salaire (environ 3 000 roupies, soit moins de 40 euros par mois). Suffisamment pour financer, en moyenne 600 roupies mensuelles pour chacune d'elles, les études de ses filles à la « Yuwa School ». Pour cette jeunesse fragilisée, Yuwa a aussi réussi le pari, en 2015, d'ouvrir une école. Elle y accueille quatre-vingt quinze élèves, qui ont toutes un point commun : l'amour du football. C'est bien mieux que la cuisine ou la vaisselle !

Un rayonnement scolaire

Le football leur offre un espace de sécurité et de solidarité. Il est la première expérience de développement de la confiance en soi. Enfin, comme il est pratiqué généralement par les garçons, elles se prouvent d'abord à elles-mêmes, mais également à eux, qu'elles peuvent y jouer tout aussi bien et les challenger. Quelques garçons se joignent d'ailleurs aux filles sur leur temps de jeu. À condition de mobiliser et fidéliser quatre filles aux entraînements, un garçon peut venir taper le ballon avec elles. Si elles ne restent pas, il est reconduit et doit quitter la team Yuwa. Avec cette règle clairement définie, les garçons sont incités à se positionner comme les garants de l'avenir de leurs sœurs, cousines ou voisines. Ils se sentent ainsi concernés par leurs besoins et leur potentiel.

Un potentiel immense qui trouve ensuite un rayonnement à l'école. Si le football les extirpe de leur foyer et de ses aliénations, l'école leur permet définitivement de s'en émanciper.

La sonnerie retentit à 8 h 45. Les cours sont dispensés dans une grande maison de deux étages, avec plusieurs ouvertures sur l'extérieur, et sur le monde…

Elles sont toutes conviées, sur le toit de l'école, à un regroupement pour démarrer la journée ensemble, soudées autour d'un message ou d'un programme commun. Plus qu'un lieu d'éducation et de savoir, l'école Yuwa offre un cadre d'épanouissement total, sain et sauf. Son système fait exception dans le Jharkhand, en comparaison aux écoles mixtes publiques, dites de gouvernement.

Pinki Rawat, professeur d'anglais à Yuwa, y a passé deux ans de sa scolarité durant son enfance : elle nous confie n'y avoir rien appris. Et pire, elle nous explique que les jeunes filles y subissent toutes les dérives brutales d'un système basé sur la figure d'un professeur, un homme, autoritaire et violent. Tout ce qui est totalement proscrit au sein de Yuwa.

De l'agencement de l'espace, à l'organisation des emplois du temps, autour d'une pédagogie basée sur l'apprentissage expérimental, les jeunes filles se construisent en autonomie, animées d'une motivation et d'un appétit que rien ne parvient à assouvir.

Les salles de classe sont partout : dans le jardin, sur les balcons, et même dans les couloirs où se balade l'esprit de Maria Montessori.

École Yuwa

Les dames Kumari

Nous profitons d'un temps de récréation au soleil, pour faire connaissance avec quelques-unes de ces jeunes footballeuses changées en écolières. Elles se prénomment Riya, Rani, Hema, Aditi, Monika, Konaki, Puja, et portent toutes le même nom : celui de Kumari. Un nom unique à la résonance glaçante. Il est celui de la caste fermée des pauvres. Comme indélébile, il est impossible de s'en affranchir quels que soient sa volonté et son devenir. Stigmatisation de la bassesse de leur naissance.
Dans le Jharkhand, cinq filles sur dix abandonnent leurs études, voire ne vont pas du tout à l'école. Illettrées, sous leur propre toit, elles sont victimes de tous les abus sexuels de la part des hommes, ravagés en majorité par l'alcoolisme.

Elles s'appellent toutes Kumari. Ce nom appartient aux célibataires et porte également en lui le symbole d'une page blanche à écrire en toute indépendance. Car, sur ces mêmes dix filles, cinq sont mariées avant l'âge de 15 ans. Kumari est donc le nom de celles qui échappent au mariage précoce. À Yuwa, il est ainsi fièrement prononcé et méticuleusement préservé.

Pinki Rawat, professeure pour les 6-8 ans.

Ces jeunes filles-là épousent la connaissance et s'élèvent d'une seule et même voix. Et malgré l'inertie de leur naissance, leur éloquence et leur sagacité prouvent chaque jour que naître fille et pauvre n'est pas un fardeau. Avec leurs mots, elles se racontent, apprennent et se guérissent. Avec leur générosité, elles s'ouvrent vers les autres et le monde. Et, depuis leur village, elles nous parlent avec passion de l'Alaska, du Machu Picchu comme si elles avaient déjà visité ces endroits qui, de toute façon, ne sont pas propices à la pratique du football.
Quand l'ancrage familial revient comme un boomerang pour les rappeler à leurs conditions primaires, à leur rôle dégradant, en les mettant plus bas que terre, Yuwa et ses équipes pédagogiques leur rappellent que le plafond est un leurre et qu'au-dessus, leur ciel sera bleu…
À l'horizon, le bus magique s'en va, ramenant ses enfants chez elles, pour la nuit.
Cette histoire contée dure ainsi une journée. Mais elle se reproduit chaque jour avec les mêmes rituels et la même envie : grandir ensemble pour devenir personnellement qui l'on veut être.
Football, école, maison, cela devient un cycle vertueux dans la quête de soi. Bien que chaque journée semble être un marathon, elle est en réalité une course haletante qui ne connaît ni fatigue, ni essoufflement. Ces jeunes filles en perpétuelle action vont, en toute confiance, à la rencontre de leur destin. Celui qu'elles ont décidé de façonner à leur image, selon leurs désirs, loin des préjugés sexistes et de l'oppression d'un patriarcat terriblement destructeur. Elles veulent être pilotes, professeures ou médecins, elles sont, en attendant, vraiment elles-mêmes. Peu évoquent la volonté de devenir footballeuses professionnelles, comme si cela ne pouvait pas être une ambition, tant elles semblent vouloir en garder l'essence et protéger le plaisir.
Leur rencontre nous a bouleversées. Avec cette génération de jeunes filles du Jharkhand, de femmes en devenir, il se pourrait que les parents regrettent un jour de ne pas avoir donné naissance à des filles.

INDIAN FOOTBALL
Janvier 2019.
WELCOME
PANAAH LODGE
[feels like back home here !!!]
IRBA, RANCHI - 835219
Mob : 7739-4500-0000
5h du mat j'ai des frissons
4°C
Ranchi, état du Jharkand - le plus rural d'Inde. Nous attendons le bus scolaire Yuwa qui nous emmènera à l'entraînement avec les écolières.
5h10
YUWA SCHOOL
7°C
good morning, didi !!*
* grande soeur
5h20
10°C
5h30
Combien de passagères max il nous a dit, déjà ??
56 !
15°C
5h40
20°C
??
'fait chaud, non ??
5h45
libérée, délivrée !

Shivani Toppo

« Sans curiosité on meurt et sans courage on ne vit pas. »
Hugo Pratt

Bonnet épais rose et blanc enfoncé jusqu'aux yeux, large étole autour du cou en guise de couette pour prolonger la nuit. Je ne distingue que les yeux curieux et les pommettes rieuses de cette jeune Indienne au moment où je m'assois dans le bus magique de Yuwa. Sara, ex-coach du programme, en visite à Ranchi pour quelques jours, me présente Shivani. Parmi quatre cents joueuses, elle est la première à laquelle je parle. Il est 5 heures du matin, direction le terrain de football pour la première action de sa journée : chausser ses crampons. Elle se retourne et me demande ce que nous faisons ici. Elle est curieuse et se sent à l'aise. Mon sourire s'élargit. Qui a dit que la curiosité était un vilain défaut ? Shivani et les jeunes filles à ses côtés font partie de la promo Yuwa, qui place les filles et leur confiance au centre.
À 18 ans, elle est élève, joueuse et coach, cumule les missions, et s'implique activement dans sa communauté éducative et sportive qui le lui rend bien. En tant que coach, Shivani gagne l'argent nécessaire à l'accès à l'éducation Yuwa, et s'offre ainsi les prémices de l'indépendance. Quand on lui demande ce qu'elle veut faire plus tard, elle répond, d'un sourire, qu'entraîner ici lui plaît. Difficile de s'éloigner d'une maison qu'elle a aussi bâtie. Elle y trouve de l'attention, de la rigueur, du partage et une formation pour l'avenir. Dès 13 ans, Shivani a renoncé à celui que l'équipe nationale indienne lui dessinait : convoquée mais aussitôt résignée à cause de la mauvaise gestion du staff et de son mépris à l'égard des joueuses. Ce n'est pas Yuwa qui obligerait les jeunes filles à jouer blessées. Comme pied de nez, on lui demande si, plus tard, elle souhaiterait entraîner la sélection nationale. Elle répond timidement « pourquoi pas ! » sans réellement se projeter. Shivani incarne cette génération de jeunes filles qui ont d'abord besoin d'exister dans le présent plutôt que de s'imaginer…

Table des matières

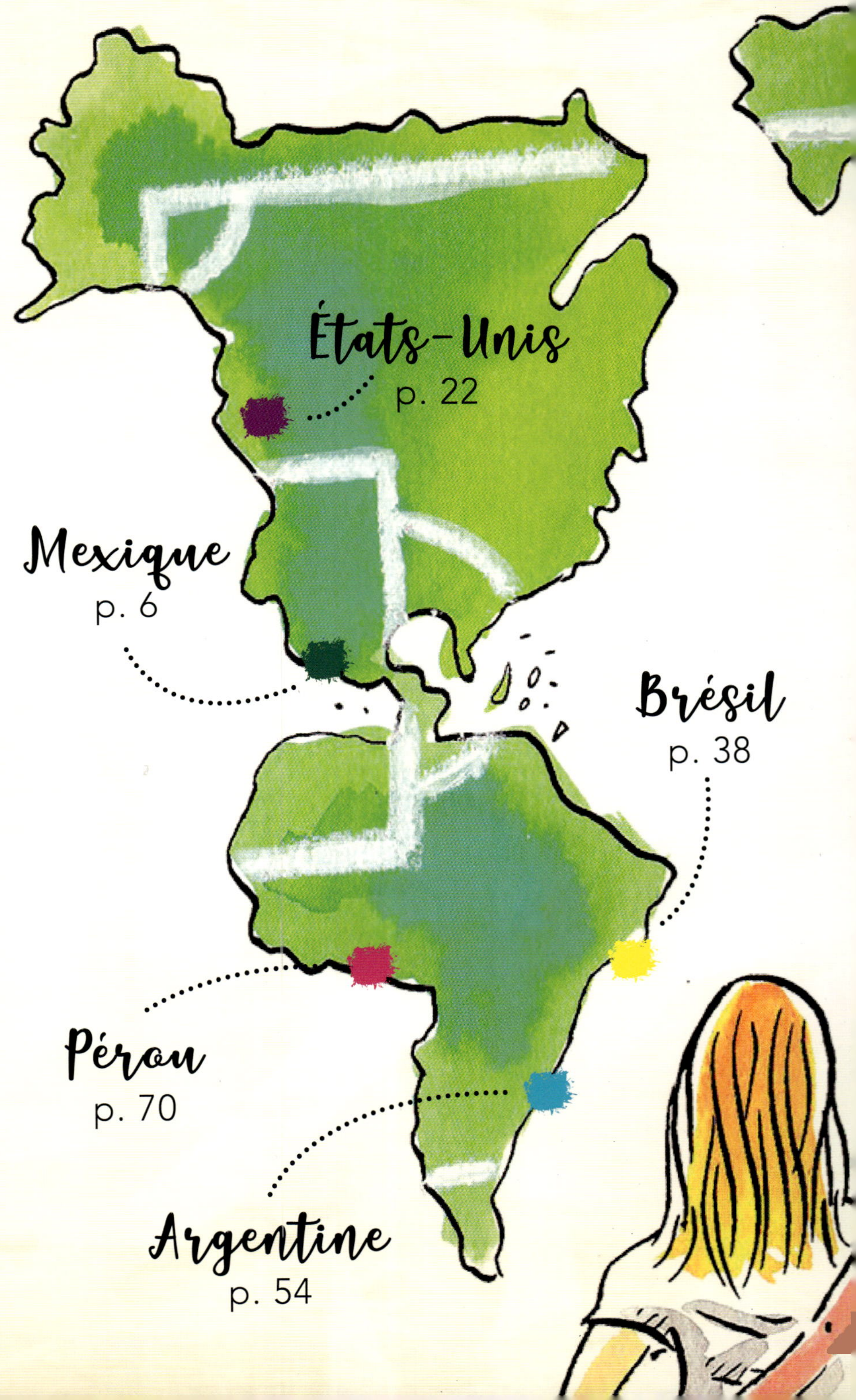

Chine
p. 118
Inde
p. 170
Japon
p. 152
Ghana
p. 134
Nouvelle-Zélande
p. 86
Afrique du Sud
p. 102

Remerciements

À nos familles bienveillantes et aimantes,
À nos amis chargés d'idées et d'empathie,
À Max, le gardien de Bamboo, mon chat que j'ai abandonné pendant plus d'un an,
À l'équipe "Femmes 2 Foot" d'Eurosport qui a permis notre rencontre,
À nos précieux contributeurs Kiss Kiss Bank Bank,
À Fatou, Déborah, Noémie, Victor, et Thomas aka Monsieur Lucien pour le relais digital de notre expérience et les flux de pouces en l'air générés,
À Jeremy et Leslie de UKoncept Production,
À la fondation Alice Milliat,
À Violette pour ses coups de crayon sur nos coups de coeur,
À Marie B Éditions et Macha Publishing.

Ainsi qu'à toutes celles et ceux qui ont rendu cette aventure incroyable : à chaque pays, des visages, des sourires et des mains tendues.

En Norvège :
La Homeless World Cup et son fondateur, Mel Young.

Au Mexique :
L'Association Street Soccer Mexico,
La sélection 2017, son staff et les joueuses,
Mello et sa famille,
Ari et sa famille,
Le club de Pachuca,
Le club de Tijuana et son entraîneuse Andrea Rodebaugh.

Aux États-Unis :
Le club des Thorns de Portland,
Amandine Henry et sa famille,
Le Hollywood Soccer Club et la jeune équipe des "Flying Pickels",
Le club des Chicago Red Stars et son président Arnim Wishler,
Ella Masar,
Jackie et sa famille,
L'Eclipse Select Soccer Club et son responsable Rory Dames,
La chaîne de télévision "Lifetime",
L' association South Bronx United.

Au Brésil :
L'association PlayLife, ses bénévoles et les joueuses,
Tamires Domingos et sa famille,
Maria et sa famille.
Tyson, Lenny.

En Argentine :
L'association Mafalda Futebol, Anaïs, Luz et Anuka,
Lisa, Antoine, Flore, et Diane,
L'association La Nuestra, Monica Santino et les joueuses,
L' association Carlos Mugica, les joueuses et éducatrices,
Le club de UAI Urquiza, Belen Potassa.

Au Pérou :
La communauté de Churubamba.

En Nouvelle-Zélande :
Ali Riley,
John, notre hôte à Auckland,
La Fédération Néo-Zélandaise de Football, Gareth Turnbull,
Les Future Ferns, Meikayla, Grace, et Sam,
Le club de East Coast Bays et les joueurs,
La Fédération Maori de Football, son responsable Philipp Parker, et les joueuses.

En Afrique du Sud :
La fondation Mama Beka et les Vakhegula,
Kanetani.

En Chine :
Bruno Bini,
Christian Damiano,
Romuald Nguyen,
Grégory,
Le club de Beijing BG Phoenix FC, Vero Boquete,
Le club de Dalian Quanjian FC, Farid Benstiti, son staff, et les joueuses,
Le club du FC Sunning, Gerard Prêcheur, son staff et les joueuses,
L'école de Baiyun, la communauté éducative et sportive, et les élèves,
Léo et Andy.

Au Japon :
Patrick Mbeu,
Kimitoshi et Masa Nogawa,
Maki, Soan,
La Fédération Japonaise de Football,
Takaku Tesuka,
Kozue Ando,
Le club de Nippon TV Beleza et les joueuses,
Kyoko Yano,
L'école de Jumonji, son responsable et les joueuses,
Le club de l'Olympique Lyonnais, Saki Kumagai.

Au Ghana :
Claire Djeutsa, Ngando Pickett, et les supporters des Lionnes Indomptables du Cameroun,
Marie-Aurelle Awona et la sélection camerounaise,
Les supporters des Super Falcons du Nigéria,
Desire Oparanozie, Asisat Oshoala, et la sélection nigériane,
Les supporters des Banyana Banyana,
Desiree Ellis et la sélection sud-africaine.

En Inde :
L'association Yuwa,
Franz Gastler et Rose Thomson,
Toute l'équipe éducative,
Toutes les footballeuses et écolières de Yuwa.

A toutes et tous les oubliés de ces pages, présents dans nos coeurs et que l'environnement remercie !
À celles et ceux qui nous ont suivies.

Et à nous aussi ! Qui portons maintenant un peu de vous partout...

CRÉDITS PHOTOS